新时代创新发展论丛

本书由安徽大学创新发展战略研究院资助出版

基于服务组件的电子文件管理系统功能需求研究

JIYU FUWU ZUJIAN DE DIANZI
WENJIAN GUANLI XITONG GONGNENG XUQIU YANJIU

刘洪 ◎ 编著

图书在版编目(CIP)数据

基于服务组件的电子文件管理系统功能需求研究/刘洪编著. —合肥:安徽大学出版社,2022.3
(新时代创新发展论丛)
ISBN 978-7-5664-2334-4

Ⅰ.①基… Ⅱ.①刘… Ⅲ.①电子档案-档案管理-管理信息系统 Ⅳ.①G275.7

中国版本图书馆 CIP 数据核字(2021)第 258919 号

本书是国家社会科学基金一般项目《基于组件的电子文件管理软件规范研究》(批准号:11BTQ038)的成果

基于服务组件的电子文件管理系统功能需求研究

刘洪 编著

出版发行:	北京师范大学出版集团
	安 徽 大 学 出 版 社
	(安徽省合肥市肥西路 3 号 邮编 230039)
	www.bnupg.com.cn
	www.ahupress.com.cn
印　　刷:	合肥创新印务有限公司
经　　销:	全国新华书店
开　　本:	170mm×240mm
印　　张:	14.75
字　　数:	220 千字
版　　次:	2022 年 3 月第 1 版
印　　次:	2022 年 3 月第 1 次印刷
定　　价:	46.00 元

ISBN 978-7-5664-2334-4

策划编辑:李 君	装帧设计:李 军
责任编辑:汪 君	美术编辑:李 军
责任校对:范文娟	责任印制:陈 如　孟献辉

版权所有　侵权必究

反盗版、侵权举报电话:0551-65106311
外埠邮购电话:0551-65107716
本书如有印装质量问题,请与印制管理部联系调换。
印制管理部电话:0551-65106311

总　序

安徽大学是世界"双一流"和国家"211工程"建设首批入列高校,是安徽省人民政府与教育部、与国家国防科技工业局共建高校,是安徽省属重点综合型大学。作为一所具有红色革命传统的高等学府,近百年来,安徽大学勇担民族复兴大任,执着"文化丕成、民族是昌"的办学理想,秉承"至诚至坚、博学笃行"的校训精神,为党育人、为国育才,累计培养了32万余名优秀毕业生,是安徽省内毕业生人数最多、分布最广、影响最大的高校,被誉为省属高校的"排头兵、领头雁"。

新时代,新目标,新征程。站在"两个一百年"奋斗目标的历史交汇点上,安徽大学将以习近平新时代中国特色社会主义思想为指导,进一步落实好立德树人根本任务,"调结构、转功能、增体量、提质量",以一流学科建设催生更多世界一流成果,以一流的人才培养体系、一流的人才培养质量、一流的原始创新能力、一流的人才队伍努力跻身于一流大学方阵,为高等教育强国和现代化美好安徽建设贡献更大力量。为了达成安大人这一宏愿,切实推进安徽大学"双一流"建设,学校于2018年建设了包括安徽大学创新发展战略研究院在内的"3+1"研究平台,着力打造跨学科、综合性的学科交叉研究平台和新型特色智库。

安徽大学创新发展战略研究院(以下简称"创发院")于2018年4月27日正式挂牌成立,是学校直属综合性学科交叉研究平台,按照"创新特区、人才高地"定位,依托国别和区域研究院、农村改革与经济社会发展研究院、区域经济与城市发展研究院等研究院(所)进行建设,覆盖安徽大学经济学、法学、社会学、新闻传播学、管理学、政治学、外国语言学、历史学,以及计算机、生物学、资源环境学等专业开展交叉学科研究工作。创发院紧密围绕学校"双一流"建设目标和任务,瞄准国家重大战略需求和地区经济社会发展建设重大问题,聚焦于创新战略与管理研究、城乡发展与区域研究、开放发展与国别研究、社会治理与法治研究、绿色发展与资源环境研究等方向,在发展战略、理论创新、咨政建言、公共外交等领域创新性开展科学研究、人才培养、社会服务和国际交流合作。为了展现创发院与相关院校、兄弟院所的协同创新成果,创发院编纂并资助出版丛书一套,定名为《新时代创新发展论丛》。

《新时代创新发展论丛》囊括了创发院同仁及合作伙伴近年来最新理论研究成果,内容涉及农村问题、城市问题等诸多研究领域。在此,创发院对各位作者、安徽大学出版社各位编辑的艰辛付出表示衷心感谢!

安徽大学创新发展战略研究院
2021 年 12 月

缩略语

ADRI　Australasian Digital Recordkeeping Initiative,澳大拉西亚数字文件保管动议

AIIM　Association for Information and Image Management,(美国)信息与图像管理协会

ANSI　American National Standards Institute,美国国家标准学会

API　Application Program Interface,应用程序接口

ARMA　Association of Records Managers and Administrators,(美国)文件与行政管理协会

BS　Business System,业务系统

CASE　Computer Assisted Software Engineering,计算机辅助软件工程

CBD　Component Based Development,基于组件的软件开发方法

COTS　Commercial－Off－The－Shelf,商用现货

DA　Digital Archives,数字档案馆

DLM　Document Lifecycle Management,文档生命管理

DOD　Department Of Defence,(美国)国防部

EDMS　Electronic Document Management System,电子文档管理系统

EDRMS　Electronic Document and Records Management System,电子文档与文件管理系统

ERMS　Electronic Records Management System,电子文件管理系统

ESB　Enterprise Service Bus,企业服务总线

FEA　Federal Enterprise Architecture,联邦政府组织架构

GIS　Geographic Information System,地理信息系统

GUI　Graphical User Interface,用户图形界面

IAC　Industry Advisory Council,(美国)工业咨询委员会

ICA　International Council on Archives,国际档案理事会

ISO　International Standard Organization,国际标准化组织

JITC　Joint Interoperability Test Command,(美国国防部)联合互操作测试组

MCRS　MoReq2010® Compliant Records System,MoReq2010 标准符合性文件系统

MOM　Message Orient Middleware,面向消息中间件

MoReq　Model Requirements for the Management of Electronic Records,电子文件管理通用需求

MRRS　Modular Requirements for Records Systems,文件系统模块化需求体系

NAA　National Archives of Australia,澳大利亚国家档案馆

NARA　National Archives and Records Administration,(美国)国家档案和文件管理署

NIST　National Institute of Standards and Technology,(美国)国家标准与技术研究院

OA　Office Automation,办公自动化

OAIS　Open Archival Information System,开放档案信息系统

OMB　Office of Management and Budget,(美国)预算管理办公室

OMG　Object Management Group,(美国)对象管理组织

QOS　Quality Of Service,服务质量

RMA　Records Management Application,文件管理应用软件

RMSC　Records Management Service Component,文件管理服务组件

SDLC　System Development Life Cycle,系统开发生命周期

SLA　Service Level Agreement,服务等级协议

SOA　Service－Oriented Architecture,面向服务架构

TDR　Trusted Digital Repository,可信任数字仓储系统

UML　Unified Modeling Language,统一建模语言

EML　Extensible Markup Language,可扩展标记语言

前言

电子文件管理系统是实现电子文件的科学管理和有效利用的平台和工具,要保证电子文件的真实性、完整性和可读性,必须构建功能完备的电子文件管理系统,并在电子文件的整个生命周期内将其纳入系统中统一管理。引入基于服务架构的理念,将电子文件生命周期内的管理功能,以服务组件的方式加以描述,是电子文件管理系统设计与开发的最佳方法之一,也是制定电子文件管理系统功能需求规范的未来趋势。基于服务组件的电子文件管理系统可以真正实现电子文件的全程管理和前端控制,充分保证电子文件的真实性、完整性和可读性,能够低成本、高效率地开发电子文件管理系统,并实现系统之间的互操作性,从而促进电子文件管理系统的建设与发展,实现电子文件的长期保存和信息共享。

本书的内容主要包括三个方面。

一是对电子文件管理系统概念的研究。目前,学界对电子文件管理系统的理解是电子文件管理系统是一种专门的、独立的计算机软件系统或信息系统,这是电子文件管理系统的属类;同时,电子文件管理系统区别于其他的软件系统或信息系统,是其功能的特殊性,即实现电子文件的管理功能。将电子文件管理系统视为独立的计算机软件系统,使电子文件管理系统无法涵盖电子文件的整个生命周期,虽然强调电子文件管理系统的功能性要求,但是对电子文件管理系统应当具备的功能却存在表述不准确或语焉不详之处。引入面向服务架构的理念,以服务的方式描述电子文件的管理功能,电子文件管理功能可以单个地,也可以组合地,以组件的形式实现。

若干个服务组件可以集成一个独立的应用软件系统,也可以集成在其他的管理系统中,实现特定的文件管理功能。基于服务组件的理念,可以把电子文件管理系统理解为由满足电子文件各项管理功能的服务组件所构成的集合,即电子文件管理系统是一个电子文件管理服务组件库。把电子文件管理系统理解为服务组件库,既有利于实现对电子文件整个生命周期的全程管理,又使电子文件管理软件系统的设计开发变得更容易,效率更高,具有更好的互操作性。

二是对电子文件管理系统功能需求标准的研究。在现有的电子文件管理系统功能需求标准中,美国的 DOD 5015.2－STD 可以说是最早的、详细规定电子文件管理软件功能需求的标准,在北美地区,乃至在世界范围内,都发挥着极其重要的影响。欧盟的 MoReq,特别是 2011 年颁布的 MoReq2010,以服务的理念描述电子文件管理系统的功能需求,并创造性地提出"MoReq2010 标准符合性软件系统"的概念,为电子文件管理系统功能需求标准及系统的设计与开发提供了新的思路。国际档案理事会的 ICA－Req,以大多数发展中国家的电子文件管理需求为出发点,分别制定业务系统和电子文件管理系统的功能需求规范,具有较强的普适性,并且被 ISO 采纳为国际标准后,其在世界范围内的影响和作用将会进一步加大。我国颁布的《电子文件管理系统通用功能要求》(GB/T 29194－2012),虽然需求描述得不够全面、详细,可操作性不强,但是对我国的电子文件管理及电子文件管理系统的设计开发,具有较强的针对性,意义深远。本书对这四个标准进行了详细的解读分析和比较,为后续研究提供依据。

三是基于服务组件的电子文件管理系统功能需求的研究。首先,电子文件管理服务组件是基于服务的思想,重构电子文件的管理流程,将电子文件整个生命周期内的管理功能分解为若干独立的服务,并以服务组件的方式加以描述和定义,为电子文件管理系统开发与实施提供复用。一个电子文件管理服务组件实现一个电子文件管理功能块,若干电子文件管理服务组件的组合,可以实现电子文件管理功能要求的某个方面,所有电子文件管理服务组件则涵盖了电子文件整个生命周期内所有管理功能的要求。一个系统要实现电子文件管理的功能,只需要复用一个或若干个电子文件管理服务组件的组合就可以了。其次，美国的文件管理服务组件和欧盟的MoReq2010均是基于服务的电子文件管理系统功能需求规范，虽然两者的内容、着眼点和应用范围有着很大区别，但是为描述电子文件管理系统功能需求提供了新的思路。再次，本书的研究在前述研究的基础上，提出了一个基于服务组件的电子文件管理系统功能需求的雏形，以期抛砖引玉，为我国修订电子文件管理系统功能需求标准提供参考。

本书以全新的角度诠释电子文件管理系统，把电子文件管理系统理解为由满足电子文件各项管理功能的服务组件所构成的集合。在学术研究上，将计算机领域的SOA技术与电子文件管理相结合，为电子文件研究提供了新的视角，也拓展了电子文件管理系统的研究领域。基于服务组件的电子文件管理将为电子文件基础理论研究、电子文件风险管理研究、电子文件元数据管理研究提供全新的研究内容和研究视角。将电子文件管理功能的需求以服务组件的方式加以描述和定义，无论是以电子文件管理为目的的独立的计算机应用系统，还是仅包含若干电子文件管理功能（服务组件）的复杂的大型管理信息系统，均可以通过组装电子文件管理服务组件来构建，从而使不同系统中的电子文件管理功能遵循相同的标准和规范，实现不同系统的互操作，为电子文件的集中统一管理和信息共享提供技术上的保证。电子文件管理服务组件的复用性，可以低成本、高效率地开发电子文件管理应用软件，将会在实践中得到充分的应用。基于服务组件的电子文件管理系统需求规范的研究，则为我国制定或修订相关标准提供借鉴。

电子文件管理系统覆盖了电子文件管理的方方面面，其设计和开发是一项复杂、艰巨的工程。同样，电子文件管理系统的功能需求涉及各种类型机构的不同业务活动，以及不同格式和不同类型电子文件长期保存的需要。本书虽然力图有所创新，但限于水平，存在许多不足，研究的深度和广度还有很多需要挖掘和拓展的地方。首先，是对现有电子文件管理系统功能需求规范的研究，局限于内容本身的阐述，对其应用的实践调查和经验总结则因为缺乏相关数据未能充分探讨，而实践应用却是衡量一个标准和规范是否科学完善的重要手段。其次，本书虽然引入基于服务的理念，对电子文件管理系统进行新的阐释，但是在构建基于服务组件的电子文件管理系统功能需求上不够全面,也不够深入,所构建的功能需求过于简单。再次,对电子文件管理系统功能服务的划分,缺乏足够的理论和实践依据。最后,电子文件管理服务必须置于国家宏观电子政务的战略背景下进行研究,这也是本书研究的缺失之处。

未来在这一领域的研究可以在以下三个方面进一步加强。一是电子文件管理系统功能需求规范的实证研究。通过对电子文件管理系统建设实践的调查和分析,总结相关标准和规范在实际应用中的经验和教训,为电子文件管理系统功能需求标准和规范的制定提供实践依据。二是进一步细化电子文件管理服务组件的构建。既要科学合理地划分电子文件管理功能,又要以更科学的方式来描述这些服务组件,如基于 UML 描述的电子文件管理服务组件。三是将电子文件管理服务组件的研究置于国家宏观电子政务的战略背景下,从而使电子文件管理能够更好地服务于电子政务建设,同时为制定电子文件管理国家战略提供依据。

本书是国家社会科学基金项目《基于组件的电子文件管理软件规范研究》(11BTQ038)的成果,项目完成于 2018 年 6 月。项目能够顺利完成,得益于项目组成员黄玉明、傅样、张学辉、傅丁祥的通力合作,也感谢安徽大学管理学院老师和同学的帮助。时间如白驹过隙,距项目完成已三年有余,书中的研究背景已经不能完全反映电子文件理论研究和实际工作的现状,为维持项目研究的完整和内容的连续性,出版时未作改动。

感谢安徽大学创新发展战略研究院的支持,本书才能够得以出版。在出版的过程中,安徽大学出版社的李君老师和汪君老师付出了辛勤的劳动,在此表示衷心的感谢!

目 录

第 1 章 绪论 …………………………………………………………… 1

  1.1 研究背景 ……………………………………………………… 2

    1.1.1 理论背景 ………………………………………………… 2

    1.1.2 实践背景 ………………………………………………… 17

  1.2 研究目的与意义 ……………………………………………… 29

    1.2.1 研究目的 ………………………………………………… 29

    1.2.2 研究意义 ………………………………………………… 30

  1.3 研究方法 ……………………………………………………… 30

  1.4 研究框架 ……………………………………………………… 31

第 2 章 电子文件管理系统概述 ……………………………………… 33

  2.1 电子文件 ……………………………………………………… 34

  2.2 电子文件生命周期内的管理系统 …………………………… 35

    2.2.1 业务系统 ………………………………………………… 36

    2.2.2 机构电子文件管理系统 ………………………………… 37

    2.2.3 档案馆电子文件管理系统 ……………………………… 38

  2.3 电子文件管理系统的概念 …………………………………… 39

    2.3.1 相关定义评述 …………………………………………… 39
    2.3.2 基于服务的电子文件管理系统 …………………………… 42

第3章 电子文件管理系统功能需求及标准 ……………………… 44

  3.1 概述 ………………………………………………………………… 44
  3.2 现有标准介绍与评述 ……………………………………………… 45
    3.2.1 《电子文件管理软件应用系统设计标准》(DOD 5015.2－STD)
        …………………………………………………………………… 45
    3.2.2 《电子文件管理通用需求》(MoReq) ……………………… 53
    3.2.3 《电子办公环境中文件管理原则与功能要求》(ICA－Req) …
        …………………………………………………………………… 66
    3.2.4 《电子文件管理系统通用功能要求》(GB/T 29194－2012) …
        …………………………………………………………………… 73
    3.2.5 功能需求规范的比较 ……………………………………… 77

第4章 SOA与电子文件管理服务组件 ………………………………… 82

  4.1 服务组件 …………………………………………………………… 82
    4.1.1 系统开发方法的演进——更加抽象与软件复用 ………… 82
    4.1.2 组件与服务 ………………………………………………… 84
  4.2 面向服务架构(SOA) ……………………………………………… 87
    4.2.1 SOA的概念 ………………………………………………… 87
    4.2.2 SOA的构成 ………………………………………………… 88
    4.2.3 SOA的操作 ………………………………………………… 89
  4.3 电子文件管理服务组件 …………………………………………… 90
    4.3.1 概念 ………………………………………………………… 90
    4.3.2 意义 ………………………………………………………… 91

4.3.3　挑战 …………………………………………………… 95
　　　4.3.4　要求 …………………………………………………… 97
　　　4.3.5　措施 …………………………………………………… 100

第 5 章　基于服务组件的电子文件管理功能需求范例研究 …… 104

　5.1　美国的文件管理服务组件 ………………………………… 104
　　　5.1.1　FEA 及其发展历程 ………………………………… 105
　　　5.1.2　FEA 中的文件管理 ………………………………… 112
　　　5.1.3　RMSC 的主要内容 ………………………………… 117
　5.2　欧盟的 MoReq2010 ………………………………………… 129
　　　5.2.1　用户和用户组服务 …………………………………… 131
　　　5.2.2　角色模型服务 ………………………………………… 133
　　　5.2.3　分类服务 ……………………………………………… 138
　　　5.2.4　文件服务 ……………………………………………… 142
　　　5.2.5　元数据模型服务 ……………………………………… 151
　　　5.2.6　处置方案服务 ………………………………………… 157
　　　5.2.7　处置挂起服务 ………………………………………… 167
　　　5.2.8　检索和报告服务 ……………………………………… 168
　　　5.2.9　导出服务 ……………………………………………… 173
　5.3　RMSC 与 MoReq2010 的比较 …………………………… 179

第 6 章　电子文件管理服务组件及其功能需求 ………………… 182

　6.1　捕获 ………………………………………………………… 182
　　　6.1.1　概念 …………………………………………………… 182
　　　6.1.2　功能需求 ……………………………………………… 183
　6.2　组卷 ………………………………………………………… 183

6.2.1　概念 …………………………………………………… 183

　　6.2.2　功能需求 ……………………………………………… 184

6.3　分类 ……………………………………………………………… 185

　　6.3.1　概念 …………………………………………………… 185

　　6.3.2　功能需求 ……………………………………………… 187

6.4　处置 ……………………………………………………………… 187

　　6.4.1　概念 …………………………………………………… 187

　　6.4.2　功能需求 ……………………………………………… 189

6.5　检索 ……………………………………………………………… 191

　　6.5.1　概念 …………………………………………………… 191

　　6.5.2　功能需求 ……………………………………………… 192

6.6　访问控制 ………………………………………………………… 194

　　6.6.1　概念 …………………………………………………… 194

　　6.6.2　功能需求 ……………………………………………… 195

6.7　统计报表 ………………………………………………………… 196

　　6.7.1　概念 …………………………………………………… 196

　　6.7.2　功能需求 ……………………………………………… 196

结语 …………………………………………………………………… 199

参考文献 ……………………………………………………………… 201

附录——电子文件管理系统功能及其应用调查问卷 …………… 218

第 1 章
绪论

文件是社会活动的记录,并作为证据和凭证进行保存和维护。和一般的信息相比,原始记录性和固化性是文件的两个基本特点。原始记录性表明文件是社会活动的直接记录,可以为各项活动提供证据,也是文件的价值所在。而固化性表明文件不仅仅只是一个数据的集合,其内容必须以固化的形式存在,如单据、公文、图纸、照片等。因此,作为一种信息资源,文件兼具凭证性质和记忆性质,是个人、机构,甚至国家的重要信息资产。

电子文件具有与纸质文件截然不同的记录载体和记录方式,其管理方式和管理手段也和纸质文件有着很大不同,传统的档案管理理论和方法已经不能适应电子文件管理的需要。电子文件一经生成便依存于计算机软件系统,即电子文件管理系统(Electronic Records Management System,ERMS)。要实现电子文件科学管理和有效利用,离不开功能完备的电子文件管理系统。ERMS 功能需求的分析和描述,是 ERMS 设计与开发的关键步骤,也是保证 ERMS 质量的必然要求。

1.1 研究背景

1.1.1 理论背景

1.1.1.1 电子文件研究

电子文件的大量产生,并成为信息记录的主要形式,也成为档案管理工作的主要对象。电子文件管理不仅在实践中面临许多挑战,其管理理论与方法还是学术研究的焦点。从相关研究综述中可知[①],国内外电子文件研究方兴未艾,相关研究成果数量颇丰。总体而言,对电子文件及其管理的研究主要包括以下几个方面。

①电子文件实体管理研究。

电子文件实体管理是电子文件研究体系的重要内容。电子文件的实体管理是保证电子文件真实性、完整性和安全性的具体措施和手段,在管理过程中应制定管理标准,明确归档内容,建立电子文件管理规范体系。[②] 其中,电子文件鉴定、长期保存、归档和利用环节受到更多研究者的关注。双重鉴定是电子文件鉴定的重要特点,也被学术界和实际工作部门所普遍接受。更有观点认为,对电子文件要进行四次鉴定,以确保电子文件是否具有永久保存价值。[③] 国际合作项目 InterPARES 则从长期保存真实性电子文件的角度出发,建立了电子文件鉴定的步骤和方法,认为真实性评估、保管可行性的确定和电子文件监控构成了为长期保存而对电子文件进行鉴定的

---

① 徐欣:《我国20年来电子文件管理的实践探索与理论研究及其发展趋势》,载《档案学通讯》,2009年第1期,第4～7页。罗宝勇、黄存勋:《2001—2012年我国电子文件研究综述》,载《档案与建设》,2013年第6期,第20～22页,第25页。张正强:《国际电子文件管理前沿进展》,载《档案学研究》,2012年第5期,第68～74页。肖秋会、赵文艳:《欧美电子文件研究综述》,载《图书情报知识》,2014年第5期,第116～123页。

② 章燕华:《电子文件管理规范体系框架研究》,载《档案学通讯》,2010年第5期,第39～42页。

③ 张衍:《对影响电子文件鉴定诸因素的探讨》,载《档案》,2010年第3期,第46～48页。

主要内容。① 双套制是我国电子文件保管的基本方法,虽然通过行政规范性文件和标准加以确立,但是双套制是与信息技术不完善相适应的解决电子文件长期保存的权宜之计。随着信息技术的普及和电子文件的发展,在实践中暴露出越来越多的问题,因此档案馆应当采取电子文件单套制接收和保管,并通过完善的信息技术解决电子文件的长期保存问题。② 电子文件长期保存涉及电子文件产生、流转和保管的不同阶段,各阶段的责任主体都具有相应的长期保存的责任,需要明确各阶段的责任主体和责任内容,建立电子文件长期保存的责任体系。③ 同时应当建立电子文件长期保存的管理规范,结合长期保存各个层次的管理策略,从组织因素、管理因素、数字对象管理、技术与安全等方面明确电子文件长期保存的各项需求。④

②电子文件基础理论研究。

电子文件基础理论研究是整个电子文件管理研究领域的基石,研究内容既包括电子文件的定义、种类和特点,电子文件的原始性和真实性,文件生命周期理论,电子文件与传统文件的比较,又包括管理流程重组理论和文件连续体理论等。数字环境下,电子文件的真实性和可靠性是电子文件管理面临的最大挑战,也是档案学学者研究关注的焦点。纸质文件通过在其产生、接收、保存的过程中保持统一的形式与状态来保证它的真实性,而电子文件则通过持续复制(即将电子档案复制到一个新的媒介而呈现出同样的技术特性)和定期迁移(即将电子档案从一个硬件或软件配置转移到另一个或者从一代数字技术转移到另一个)来保证其真实性。⑤ 保障电子文件的真实性,不仅需要维护电子文件本身的联系,还包括保持电子文件与其所

---

① Terry Eastwood,"Appraising Digital Records For Long-term Preservation",*Data Science Journal*,No. 3(2004):202~208。

② 陶水龙、田雷:《电子档案双套制管理问题研究》,载《档案学研究》,2014 年第 4 期,第 61~64 页。

③ 屠跃明、张梦霞:《电子文件(档案)长期保存责任体系构建研究》,载《档案学研究》,2016 年第 1 期,第 101~106 页。

④ 钱毅:《我国可信电子文件长期保存规范研究》,载《档案学通讯》,2014 年第 3 期,第 75~79 页。

⑤ Luciana Duranti, "Concepts, Principles, and Methods for the Management of Electronic Records", *Information Society*, No. 4(2001):271~279。

记载的活动之间的联系。因为一旦这些联系遭到破坏、损毁或模糊不清,尽管在数据库中可能还保留着相关信息,但电子文件的真实性就会受到质疑。国际合作项目 InterPARES 关注电子文件的(长期)真实性、可检索性和可利用性,为制定长期保管真实电子文件的政策和标准提供原则和依据。①而电子文件的法律凭证性,需要在相关法律、法规中明确相应的管理规则、方法和技术,最终实现法律、技术和管理三位一体协同保障电子文件的证据效力。②

③电子文件管理机构研究。

对电子文件管理机构的研究,主要体现在电子文件中心和数字档案馆两个方面。电子文件中心的研究主要包括电子文件中心的概念、地位和功能等,以及建设内容、模式等。如,黄玉明从电子文件中心与电子政务、档案馆等机构的关系的角度来全面定位电子文件中心,并确定电子文件中心的核心价值与目标③;肖秋会、刘劲松、汪好则总结了电子文件中心的三个性质(管理性、保存性、服务性)。④ 至于电子文件中心的功能,有观点认为网上电子文件中心的基本功能是电子文件的接收、审核、发布、保管与管理,也有观点认为电子文件中心的主要功能是信息采集功能、信息管理功能、信息服务功能。而电子文件中心的模式主要有窗口型、过渡型、备份型、归档型等类型。⑤ 数字档案馆的发展经历了数据型、信息型和知识型三个阶段,数字资源建设是数字档案馆建设的基础工作,数字档案馆馆藏资源由实体资

---

① Luciana Duranti,"The Long-term Preservation of Accurate and Authentic Digital Data: The INTERPARES Project",*Data Science Journal*,No.4(2005):106~118.
② 马仁杰、张浩:《关于电子文件立法若干问题的思考》,载《档案学通讯》,2010 年第 5 期,第 35~38 页。
③ 黄玉明:《电子文件中心的定位与核心取向》,载《档案学研究》,2010 年第 2 期,第 55~58 页。
④ 肖秋会、刘劲松、汪好:《我国电子文件中心研究综述》,载《档案学通讯》,2011 年第 1 期,第 31~34 页。
⑤ 邵枫:《电子文件中心建设模式初探》,载《中国档案》,2007 年第 10 期,第 55~56 页。

源与数字资源两大部分构成,即物理实体馆藏+虚拟馆藏。① 数字档案馆的技术应用涉及很多方面,如传统纸质档案的数字化技术、电子文件的保存迁移技术、档案信息全文检索技术、网络传输技术、数字水印技术等,它们是支撑数字档案馆的重要技术基础。②

④电子文件元数据研究。

电子文件元数据全面描述电子文件,保障电子文件的真实、完整,支持电子文件管理的全程控制和管理流程的集成与优化。电子文件管理元数据设计可以是一个自下而上的过程,也可以自上而下地进行电子文件管理元数据设计,应当参照相关国际标准实现对电子文件管理元数据标准的整个生命周期进行标准化管理。对基于元数据的电子文件全程管理,应该在ERMS的设计阶段、电子文件管理的各个阶段加强对元数据的管理,并在各个阶段都保证元数据的技术得到相应的应用。③

⑤电子文件安全保护。

构建完备的电子文件安全管理评估体系和安全保障体系是电子文件信息安全的重要保证。电子文件安全评估体系的构建首先需要建立一个科学、合理、有效的评估体系,以此来保证实现电子文件信息安全的目标,最终确保各级机构业务活动的正常开展。电子文件安全保障体系的构建应以来源原则和文件生命周期理论为基础,从制度、技术、物质和相关标准法规等方面加强建设。电子文件安全保护技术包括备份技术、加密技术、安全技术等,应当构建电子文件信息安全技术体系,采用合适的技术和方法,并合理有效地使用这些技术和方法以确保电子文件的信息安全。④ 美国国家标准和技术研究院(NIST)针对信息安全制定了相关标准,对信息安全风险管理

---

① 唐艳芳:《数字档案馆档案信息服务平台的构建》,载《档案学研究》,2006年第5期,第44～48页。

② 张素霞:《数字档案馆的技术体系结构》,载《科技情报开发与经济》,2004年第8期,第50～51页。

③ 黄萃:《基于元数据的电子文件全程管理》,载《档案管理》,2003年第4期,第16～18页。

④ 张健:《电子文件信息安全技术体系研究》,载《档案与建设》,2013年第2期,第4～7页。

提出了多层次、一体化的管理理念,建立了具有三个管理层次的模型,即机构组织层、职能/业务流程层和信息系统层,从而实现全面进行信息安全风险管理。① 总之,为保证电子文件信息安全,应结合信息安全保障方面所遇到的实际问题,建立档案信息管理安全、业务安全、技术安全和环境安全相结合的、统一完整的安全保障平台。②

⑥电子文件宏观管理研究。

随着对电子文件管理要求的提高,电子文件的国家控制力问题日益突出,顶层设计问题由此浮出水面,并日益成为文件、档案管理转型时期的战略重点③,电子文件管理国家战略的研究逐渐受到重视。应当借鉴国外的先进经验,结合我国的现实状况,本着总体规划、顶层设计、基础先行、稳步推进的方针进一步明确我国电子文件管理的国家战略。④ 在具体实施过程中必须综合考虑我国区域发展的不平衡,优化合理要素,结合国家整体框架,以此来构建"自顶向下"与"自底向上"相结合的、更切合我国国情的电子文件管理模式。⑤

⑦电子文件法规、标准研究。

随着电子文件的普及,相关法律法规建设迫在眉睫,特别是电子文件法律地位的确定。影响电子文件法律地位的因素很多,如知识产权、数据失真、信息安全、保密与隐私权等,虽然《电子签名法》《合同法》等在一定程度上明确了电子文件的法律地位,但是存在很多问题需要解决。针对电子文件法律地位的问题,有的学者提出应该加强电子文件的立法工作,建立电子文件相关法律;也有的学者针对电子文件时代的实际,为《档案法》的修改提

---

① 黄锐:《美国 NIST 信息安全风险管理体系概述》,载《保密科学技术》,2012年第10期,第33~36页。

② 许桂清、李映天:《档案信息安全保障体系的建设与思考》,载《档案学研究》,2010年第3期,第54~58页。

③ 冯惠玲、钱毅:《关于电子文件管理顶层设计的若干设想》,载《中国档案》,2007年第4期,第7~9页。

④ 冯惠玲、赵国俊等:《电子文件管理国家战略刍议》,载《档案学通讯》,2006年第3期,第4~8页。

⑤ 于英香、韩震:《区域性电子文件管理模式演变与整合探析》,载《档案学研究》,2011年第1期,第67~70页。

供了思路和建议。① 这些研究成果表明,随着电子文件应用及影响力的日益扩大,将电子文件纳入相关法律法规的具体条款中,明确其法律地位和法律效力,无疑是未来电子文件管理必须做的一项工作。

电子文件标准的研究主要是对国外相关标准的形式、内容及建设机制与模式的分析,提出我国学习、借鉴国外有益经验的形式,使标准的适用范围向知识管理和信息管理方向延伸,形成多元化的标准制定模式。② 对电子文件标准体系的架构与内容,有学者在分析当前标准体系现状与不足的基础之上,提出从流程、生命周期、技术和资源四个视角进行基本框架的设计,指出该框架体系应当包含管理、资源和技术三层视图。③

1.1.1.2 电子文件管理系统研究

电子文件研究的全面展开和不断深入,使人们越来越清楚地认识到,电子文件具有许多与纸质文件完全不同的特性,必须采用与这些特性相适应的管理方法和手段。电子文件管理系统是电子文件管理的平台与载体,随着电子文件管理由实体控制转向系统控制,电子文件管理的法律法规、标准、思路和具体措施最终都要落实到软件系统的设计中,电子文件管理最终要依赖以软件系统为中心的综合性管理方法。有调查显示,"电子文件管理系统没有完整捕获文件内容、结构或者背景信息的功能"被列为严重风险因素。④ 可见电子文件管理系统作为文件管理与控制的平台,其重要性是不言而喻的。因此,电子文件管理系统是否可靠、功能是否完备,决定了电子文件管理的成败。

①电子文件管理系统的概念。

电子文件管理系统是电子文件生成、管理、处置和利用的平台和载体。

---

① 刘军:《关于在〈档案法〉中增加电子文件立法的思考》,载《北京档案》,2010年第6期,第23~24页。

② 安小米:《电子文件管理标准建设的国际经验及借鉴研究》,载《电子政务》,2010年第6期,第31~40页。

③ 钱毅:《电子文件管理标准体系的基本框架和建设构想》,载《电子政务》,2010年第6期,第17~23页。

④ 刘越男、张宁:《电子文件风险评估——基于中外专家调查结果的比较研究》,载《中国档案》,2006年第11期,第25~28页。

电子文件在其整个生命周期中需要历经三类系统,即产生电子文件的电子文件形成系统(也称业务系统或业务信息系统,Business System,BS)、实施电子文件管理(也可辅助管理非电子的实体文件)的电子文件管理系统,以及用来长期保存电子文件的数字档案馆系统(又称可信任数字仓储系统,Trusted Digital Repository,TDR)。① 现有的研究中,ERMS通常指的就是第二类系统。而包含文档管理功能的ERMS又称为电子文档与文件管理系统(Electronic Document and Records Management System,EDRMS)。②

纵向来看,ERMS与电子文件形成系统和电子文件长期保存系统在系统定位、基本功能、管理对象、独立性、使用者和系统目标方面存在显著区别。③ 同时,这三种系统又不是完全独立的,它们往往相互衔接,相互集成,构成电子文件生命周期内完整的管理功能。

横向来看,电子文件管理系统与一般的管理信息系统、档案计算机辅助系统和办公自动化系统在诸多方面存在显著差别,其内涵与外延有广义和狭义之分。狭义的ERMS仅指实施文件管理的计算机软件本身,广义的ERMS则包括所有与文件管理有关的技术、管理、法律、标准、人员等因素在内的文件管理体系。④ 而将广义的电子文件管理体系中的因素技术化于狭义的电子文件管理软件成为越来越重要的发展趋势。

总之,电子文件管理系统是一种专门的、独立的计算机软件系统或信息系统,这是电子文件管理系统的属类;而功能特殊性则是其与一般信息系统的根本区别,即实现文件管理功能。

②电子文件管理系统的建设模式。

从业务系统角度来看,目前已提出独立式、嵌入式、整合式、互联式(联

---

① 黄玉明:《电子文件(档案)管理系统建设的需求分析》,载《中国档案》,2011年第2期,第34~36页。

② National Archives of Australia,"Implementing an EDRMS:Key Considerations",accessed May 31,2017,http://www.naa.gov.au/Images/EDRMS-key-considerations_tcm16-88772.pdf.

③ 钱毅:《电子文件管理系统功能需求规范定位研究》,载《北京档案》,2011年第4期,第24~26页。

④ 于丽娟:《电子文件管理系统初探》,载《浙江档案》,2001年第9期,第36~37页。

合式)四种建设模式;从建设系统力量角度来看,可分为用户引导型、厂商引导型和上级主导型;从 ERMS 的整体部署方式来看,又可以有分散式、集中式、分布式三种建设模式。① 每种方式都有各自的优缺点,需要根据自身的实际情况,选择适宜的模式。但无论采用哪种方式,电子文件管理系统都必须做到与业务系统的无缝集成。也有研究认为,可以构建全国电子档案管理系统,即在电子文件管理国家战略的构想下,以信息生命周期理论、文件连续体理论为基础,以 OAIS 参考模型为框架,基于互联网,在国家档案馆的带头下,联合地方档案馆共同搭建国家范围内的在线电子档案管理与服务网络。②

③电子文件管理系统的设计与开发。

针对电子文件形成时所具有的分散性、差异性、随意性和脆弱性等特点,开发电子文件管理系统时必须遵循若干原则,如整体性、安全性、相关性、后续性等,同时必须明确影响 ERMS 开发成败的因素,如系统的目标是否明确、是否对系统的变化有足够的预见和应对措施。ERMS 的设计与开发可以应用软件工程的相关理论和方法,但必须综合考虑电子文件的管理功能,不能局限于电子文件的接收、简单管理、提供利用,将电子文件管理的相关基本理论与信息系统传统建模方法相结合,同时考虑电子文件管理的发展现状,设计和开发客观的、真正符合电子文件管理需要的电子文件管理系统。③

相对于普通的管理信息系统,电子文件管理系统具有独特的技术特征,主要体现在技术需求、数据建模技术、人机协同处理技术等方面,也包括电子文件的控制力保障、证据力保障、服务力保障等技术。针对这些技术特征,在开发电子文件管理系统时就必须遵循跨学科协作研发原则,未来需求

---

① 刘越男:《试析电子文件管理系统的建设模式》,载《中国档案》,2011 年第 7 期,第 58～60 页。
② 肖润:《电子档案管理系统构建研究》,载《档案与建设》,2013 年第 1 期,第 26～29 页,第 42 页。
③ 李泽锋:《电子文件管理项目建设方法论研究》,载《档案学通讯》,2009 年第 4 期,第 16～19 页。

和风险意识导向的系统分析原则,数据层次的设计原则,电子文件的控制力、证据力和服务力保障原则,单向证据链原则和人机协同处理原则。① 而在具体设计与开发过程中,由于软件工程和电子文件管理之间存在较大鸿沟,必须特别注意电子文件管理系统研发的重点和难点。②

④电子文件管理系统的安全问题。

ERMS安全是电子文件安全的保证,从信息系统角度来说,电子文件管理系统安全等级保护是必须实施的策略之一,需要参照信息系统方面的现有法规、标准,如《计算机信息系统安全保护等级划分准则》等,将ERMS划分为几个等级,构建全面的安全保障体系,从而提升系统安全的水平。③ 除此之外,电子文件管理系统的安全还需要一个完备的安全体系来保障,既要落实物理安全、网络安全、数据安全等基本安全技术措施,又要落实安全管理制度、安全管理机构、人员安全管理、系统建设管理和系统运行维护管理等方面的基本安全管理措施。④

⑤电子文件管理系统的测试与评价。

ERMS测试是判断系统能否满足功能需求和实现开发目标的一种方法,通过实施系统测试评价,不仅可以促进ERMS标准的实施和推广、系统研发市场的规范和优化,而且有利于实现机关和档案部门对电子文件的有效管理,提高国家对电子资源的控制力。⑤ 美国DOD5015.2-STD标准是最早实施测试评价的,极大地促进了标准的推广应用,随后欧盟的MoReq也引入系统测试评价。我国于2014年颁布了国家标准《电子文件系统测试规范第2部分:归档管理系统功能符合性测试细则》(GB/T31021.2)。开展

---

① 朝乐门:《电子文件管理系统的技术特征》,载《现代图书情报技术》,2013年第4期,第30~39页。
② 朝乐门:《电子文件管理系统研发的重点与难点分析》,载《档案学通讯》,2014年第1期,第73~77页。
③ 黄海鹰:《电子文件管理系统安全等级保护研究》,载《浙江档案》,2009年第4期,第40~43页。
④ 张秀丽:《基于电子证据认证视角下的电子文件管理》,载《中国档案》,2010年第8期,第32~34页。
⑤ 赵丽:《我国电子文件管理系统研究进展与方向》,载《档案学研究》,2013年第6期,第50~56页。

ERMS 测试工作的关键,一是测试方法要适合电子文件管理系统,二是测试技术要符合电子文件管理目标与特征,必须构建包括测试目的、测试依据、测试内容和测试方法的 ERMS 测试理论体系,突破功能测试和人工测试的局限,基于电子文件管理系统协同测试方法论,才能顺利实施电子文件管理系统测试工作,并最终保证电子文件管理系统的质量。①

电子文件管理系统评价是判断系统质量优劣的一种方法,通过对系统评价,为机构和档案管理部门选择电子文件管理系统提供依据。对 ERMS 进行评价的依据是评价指标体系,因此必须构建完善合理的指标体系。美国工业咨询委员会(Industry Advisory Council,IAC)应美国预算管理办公室和国家档案与文件管理署的要求,发布了《电子文件管理系统指标使用》白皮书,列出了评价 ERMS 的十一类指标,分别为服务访问(Access to Services)、准确性(Accuracy)、性能(Capacity)、效率(Efficiency)、参与度(Participation)、产出(Productivity)、搜索和检索(Search and Retrieval)、系统(System)、用户满意度(User Satisfaction)、效用(Utilization)和法律(Legal)。② 这些评价指标只能定性衡量电子文件管理系统的优劣,无法进行定量测评。从电子文件管理系统本身的性能来看,可以从功能需求、响应时间、吞吐量、兼容性和稳定性等多方面来评价;而从电子文件管理系统的提供利用——利用者方面来看,则可以从界面友好程度、可操作性、安全性(访问权限的控制)、响应时间、查准率和查全率等方面来衡量。③

⑥电子文件管理系统案例与经验研究。

研究者们针对不同国家、不同机构、不同部门所实施的电子文件管理系统进行分析总结,提出许多有建设性的观点和建议。

澳大利亚国家档案馆总结了政府机构在实施 EDRMS 过程中的十个经

---

① 朝乐门:《电子文件管理系统的测试方法研究》,载《档案学通讯》,2014 年第 6 期,第 57~60 页。

② Industry Advisory Council: "The Use of Metrics in Electronic Records Management (ERM) Systems", accessed October 3, 2008, http://www.actgov.org/actiac/documents/sigs/egov/08032004ERMMetricsFinal.pdf.

③ 吴秀云:《浅谈电子文件管理系统的评价指标》,载《云南档案》,2012 年第 10 期,第 56~58 页。

验教训[1]，分别为：

(1)必须明确 EDRMS 是为了满足机构业务需求，而不是依赖 IT 技术。

(2)机构必须预见到实施 EDRMS 会给机构带来的重大变革。

(3)机构高级别领导承担一定的义务并给予技术的持续支持是至关重要的。

(4)在购买或自主开发 EDRMS 时，鼓励用户积极参与。

(5)确保项目团队具有较宽泛的技术和经验。

(6)应不惜投入以获取对机构信息管理的掌控权。

(7)若 EDRMS 影响其他系统，应留出时间以解决系统的升级、整合和转换等问题。

(8)设计符合机构环境的 EDRMS 实施方法和步骤。

(9)确保培训必须满足最终用户的需要，并在 EDRMS 实施之前开展。

(10)确保拥有持续的资源用于监控数据输入的质量、开展员工培训并提供系统支持。

上述经验是澳大利亚国家档案馆基于政府机构实施 EDRMS 的实践所得出的普遍性的结论。而针对某一具体政府部门的实践，如澳大利亚查尔斯特市实施 EDRMS 的分析，其经验表明一系列的策略是 EDRMS 成功实施的基础，其中最关键的首先是项目开展之前就已准备好的、文档齐全的解决文件管理的 IT 策略；其次是建立了沟通策略并整合到项目规划中，以应对员工可能出现的抵触情绪，特别是在培训过程中出现的抵触情绪；再次是标识业务过程亮点的策略，从而将 EDRMS 设计成人们需要的系统，而非不得不用的系统。[2]

也有学者通过梳理相关案例，总结了成功实施电子文件管理系统的五

---

[1] National Archives of Australia,"Implementing an EDRMS：Ten Lessons",accessed May 31,2017, http://www.naa.gov.au/Images/EDRMS－ten－lessons_tcm16－88775.pdf.

[2] Linda Wilkins etc,"Achieved and tangible benefits：lessons learned from a landmark EDRMS implementation",*Records Management Journal*, No.1(2009)：37～53.

个原则①:

(1)"系统"必须包括人(决策者和用户);

(2)EDRMS必须与机构的业务处理整合在一起;

(3)经常开展用户文件管理角色培训,并给予指导和支持;

(4)文档、文件一体化管理优势明显;

(5)解决信息管理问题没有单个的灵丹妙药。

机构电子文件管理系统的实施一般可以分为四个阶段,即准备阶段、开发阶段、应用与拓展阶段和评估阶段,但不同机构的业务过程和目标不同,在实施过程中的经历也各不相同。英国国家卫生保健采供局根据自身业务庞杂、人员结构复杂的实际情况,要求电子文件管理系统能够快速有效地检索信息,使其成为知识和专业技术中心,并能够完美实现采购功能。通过对不同阶段的分析,由于电子文件管理系统以全新的方式开展业务活动,实施电子文件管理系统会带来巨大的文化转变和知识挑战,同时对资源的要求也更高,包括财力和人力。② 英国贸易与工业部下属的国家计量实验室之所以能够成功实施EDRMS,是因为下述几个因素。一是机构高层的重视;二是花大力气制定业务分类规范,使用户便于对文件归档;三是IT(信息技术)与文件管理功能的相互衔接;四是对用户开展量身定制的一对一培训,使用户能够迅速上手。③ 而英国国家图书馆在实施ERMS过程中所总结的经验则是用户友好性是关键,元数据的采集应当尽可能自动化,良好的文件管理行为应当优先受到关注,应当持续不断地开展用户培训。④

此外,学者们对不同国家和地区实施ERMS进行了分析和总结,如北

---

① Gary P. Johnston, David V. Bowen, "The benefits of electronic records management systems: a general review of published and some unpublished cases", *Records Management Journal*, No. 3(2005):131~140.

② Keith Gregory, "Implementing an electronic records management system—A public sector case study", *Records Management Journal*, No. 2(2005):80~85.

③ David J. Williams, "EDRM implementation at the National Weights and Measures Laboratory", *Records Management Journal*, No. 3(2005):158~166.

④ Rachael Maguire, "Lessons learned from implementing an electronic records management system", *Records Management Journal*, No. 3(2005):150~157.

爱尔兰[①]、冰岛[②]、土耳其[③]、巴基斯坦[④]等国家,又如我国的台湾地区等[⑤],这些经验和教训对我国的ERMS的建设与发展均具有非常重要的借鉴意义。

国内关于ERMS应用与实施的通讯报道较多,但对具体实施过程的详细分析和经验总结并不多见。只有研究者对杭州市电子文件中心建设过程中的ERMS实施经验进行了总结,但侧重于对元数据方案设计的分析与说明,也未从整体上总结系统实施的得与失。[⑥]

1.1.1.3 电子文件管理系统功能需求研究

ERMS需要将电子文件管理理论和方法转化为系统的功能需求,从而保证电子文件质量、维护电子文件法律证据的价值。

研究电子文件管理功能需求首先要有明确的定位。[⑦] 一是需求类型定位,包括业务需求、用户需求和功能需求的不同层次,强制、可选、条件选的需求强制程度。二是管理定位,即从文书类电子文件的管理到专门文件类型或行业电子文件的管理。三是发展定位,包括目标定位和维护定位。

研究ERMS功能需求的具体内容,一部分研究者着眼于整体功能需求,认为ERMS的功能应当包括基本功能和扩展功能,基本功能是ERMS必须具备的,如文件收集、鉴定、元数据管理、检索利用和数据传输与迁移

---

① Zoë A. Smyth,"Implementing EDRM: has it provided the benefits expected?", *Records Management Journal*, No.3(2005):141~149.

② Joanna Gunnlaugsdottir,"As you sow, so you will reap: implementing ERMS", *Records Management Journal*, No.1(2008):21~39.

③ Hakan Demirtela, Özlem Gökkurt Bayramb, "Efficiency of electronic records management systems: Turkey and example of Ministry of Development", *Procedia-Social and Behavioral Sciences*, No.147(2014):189~196.

④ Helle Zinner Henriksen, Kim Viborg Andersen, "Electronic records management systems implementation in the Pakistani local government", *Records Management Journal*, No.1(2008):40~52.

⑤ Fang-Ming Hsu etc,"Efficiency and satisfaction of electronic records management systems in e-government in Taiwan", *The Electronic Library*, No.3(2009):461~473.

⑥ 刘越男、梁凯、顾伟:《电子文件管理系统实施过程中元数据方案的设计》,载《档案学研究》,2012年第2期,第56~64页。

⑦ 钱毅:《电子文件管理系统功能需求规范定位研究》,载《北京档案》,2011年第4期,第24~26页。

等。扩展功能是随着机构信息系统的集成化发展而不断衍生的功能,如知识收集功能、深度挖掘信息内容功能、主动提供利用功能等。① 也有学者从ERMS功能要素的基本要求入手,分析功能需求的内容。这些基本要求包括可靠性、完整性、一致性、全面性和系统性,电子文件管理只有具备特定的功能,才能满足相应的要求。② 还有研究者着眼于电子文件管理系统的某一具体功能而展开研究,如捕获功能、元数据方案设计、分类方案设计、虚拟案卷、检索和利用功能等。

制定 ERMS 功能需求标准和规范,引导系统的研发和应用,是提高ERMS 质量的关键路径之一。许多国家均制定和颁布了电子文件系统功能需求规范和标准,其中应用范围较广、比较有影响力的规范包括美国的DoD5015.2－STD、欧盟的 MoReq 和国际档案理事会的 ICA－Req,这三个标准我国档案界学者关注较多,以期借鉴其经验,促进我国电子文件管理系统的建设。

美国国防部于 1997 年颁布了 DOD5015.2－STD,规定美国国防部各部门的电子文件管理应用软件必须满足强制性需求。2002 年修订并出版第二版,2007 重新修订后颁布了 DoD 5015.2 的第三版,即 DoD 5015.2 V3标准规范。该标准不仅在美国国防部各部门得到广泛使用,而且在美国各政府部门甚至北美地区也得到了广泛使用。

欧盟于 2001 年颁布的 MoReq 对电子文件管理系统的功能需求作了详细规定,并详细描述了电子文件的管理。2006 年欧盟启动 MoReq 修订程序,于 2008 年发布了 MoReq 的新版本 MoReq2,为软件供应商设计开发电子文件管理系统提供了一个标准模型。基于众多电子文件管理部门和机构、电子文件管理专家、翻译家等渠道的信息反馈,欧盟进一步对 MoReq 修订和创新,最终于 2011 年发布了《电子文件管理通用需求》的新版本,即《文件系统模块化需求体系》(Modular Requirements for Records Systems),简

---

① 于丽娟:《电子文件管理系统的功能——基本功能及其功能拓展》,载《北京档案》,2002 年第 10 期,第 18～20 页。
② 钟瑛:《浅议电子文件管理系统的功能要素》,载《档案学通讯》,2006 年第 6 期,第 65～68 页。

称 MoReq2010。MoReq2010 对电子文件管理的功能需求进行模块化划分，并引入"基于服务的架构"(service－based architecture)这一新理念，使基于 MoReq2010 开发的 ERMS 具有更好的共享性和可重用性。①

《电子办公环境中文件管理原则与功能要求》是由澳大利亚国家档案馆提议，国际档案理事会立项并研制，于 2008 年在马来西亚吉隆坡召开的第十六届国际档案大会上颁布，并以其简称 ICA－Req 为业内所熟知。2010 年至 2011 年，ICA－Req 的三个单元相继被 ISO 采标为国际标准《信息与文献——电子办公环境中文件管理原则与功能要求》(ISO 16175－1、ISO 16175－2、ISO 16175－3)，成为 ISO 电子文件管理标准的重要组成部分。

通过对上述三个标准的剖析和比较研究②，我国学者总结了电子文件管理系统的需求研究应遵循法规/标准、动态性、全面性、专业性原则③，建立功能标准维护机制，实施认证测试等宝贵经验。这些经验对我国完善相关标准规范，提升 ERMS 建设水平具有重要的参考意义。

2012 年，我国颁布了国家标准《电子文件管理系统通用功能要求》(GB/T 29194)，有研究者将其与 ISO 16175－2:2011 进行了比较研究，认为两者涉及的模块范围大体相当，均适用于机构电子文件管理的设计、审核和实施，只是具体细节不同④，但对该标准的制定过程、内容分析及应用情况，尚无相关研究成果发表。

此外，部分学者还结合实际，对具体单位和具体类型的电子文件管理系统功能需求标准进行了专门探讨，如 CAD 电子文件管理系统、电子邮件管理系统的功能要求。而机构和档案部门为本单位定制开发 ERMS 编制功

---

① 程妍妍:《欧盟电子文件管理需求模型 MoReq2010 的分析与启示》，载《浙江档案》，2012 年第 10 期，第 14～17 页。

② 张晓娟、胡文佳、陈诚:《电子文件管理系统需求标准化的国际经验与启示——基于 MoReq 与 ICA－Req 的分析》，载《情报理论与实践》，2015 年第 4 期，第 57～60 页。

③ 杨安莲:《国际电子文件管理系统需求研究进展及启示》，载《档案学研究》，2009 年第 4 期，第 42～46 页。

④ 蒋术:《〈电子文件管理系统通用功能要求〉与 ISO 16175－2:2011 的比较研究》，载《档案》，2015 年第 8 期，第 5～9 页。

能需求时应遵循一体化、完整性、实用性、规范性等原则。①

1.1.2 实践背景

1.1.2.1 我国电子文件管理系统建设实践

信息技术推动了电子政务和信息化的发展,截至 2009 年 6 月,北京市市政府建成了 600 余个信息系统,覆盖宏观决策、经济调控、市场监管、公共服务、城市管理等领域,对政府核心业务覆盖率超过 90%。② 机械、电子、航空、造船、石油、化工等行业,80%～90% 的大中型企业主要产品采用 CAD 设计,主要生产过程采用 CNC、PLC、DCS 进行控制。③ 随着信息化的发展,电子文件全面普及,2007 年年底,中国人民大学信息资源管理学院"电子文件管理机制研究"课题组基于问卷的调查显示,2006 年我国中央机关及其直属企事业单位生成的电子文件数量比 2005 年增长了 18.9%,其数量占文件总数的 72.7%,有 49% 的机构生成的电子文件数量占全部文件数量的 50% 以上。在已经开始接收电子文件进馆的档案馆中,有 52.9% 的档案馆预测未来 5 年接收进馆的电子文件数量将成倍增加。④

电子文件的发展进一步促进了 ERMS 的建设与发展。2001 年,我国首家电子文件归档与电子档案管理实际运行系统成功面世,该系统以"电子文件运行期生命周期表"为核心,创造性地运用了检验技术、非法数据处理技术和原始数据恢复技术,有效地保证了电子文件的原始性、完整性和真实性,并为用户提供了方便、快捷的检索手段及利用方式。⑤ 随后,档案部门和企事业单位加快电子文件管理的建设步伐,如国家电网公司的电子文件

---

① 刘立:《档案部门如何编制电子文件功能需求》,载《中国档案》,2013 年第 1 期,第 40～41 页。

② 姜红德:《北京领跑数字城市》,载《中国信息化》,2009 年第 16 期,第 40～43 页。

③ 罗洪泽:《分析:企业信息化的三个层次、四个阶段》,http://www.ccidnet.com/2007/0831/1197383.shtml,访问日期:2017 年 5 月 31 日。

④ 刘越男:《我国电子文件管理的现状、问题与对策》,载《电子政务》,2010 年第 6 期,第 10～16 页。

⑤ 吴光伟:《我国首家电子文件归档、电子档案管理实际运行系统在杭问世》,载《中国档案报》,2001 年 1 月 15 日第一版。

管理系统、杭州市电子文件中心电子文件管理系统、江苏电力集团电子文件管理系统、玉门油田的电子文件系统、四川省电力公司公务电子邮件归档系统、广西电力局CAD电子文件管理系统,计算机厂商也加入电子文件管理系统的建设队伍中,如东方飞扬的ES-OAIS 3.0数字档案馆系统、清华紫光的电子档案管理系统、光典电子文件归档及管理系统。

2010年,由国家档案局牵头的《国家电子文件支撑平台系统建设》项目立项实施,该系统包含应用基础支撑软件、通用工具软件、业务与功能组件和三大应用系统四部分,是针对我国各级党政机关、国家综合档案馆、专业档案馆、部门档案馆(处室)、企业档案馆的需求研发的内、外网电子文件办公管理系统、ERMS、行政审批与电子监察系统、信息发布利用一体化管理平台解决方案及具体技术实现,能够实现我国电子文件全国统一建设并共享相关技术标准,为国家全面整合电子文件系统建设,为建设国家级数字化档案馆平台打下良好的基础。①

2016年年底,国家档案局确定企业电子文件归档和电子档案管理第一批试点单位,通过政府引导、企业实施的方式,在企业各类业务系统中的电子文件归档管理、存储格式、元数据管理、基于大数据的电子档案利用等方面取得成效,为出台企业电子文件归档和电子档案管理规章制度和标准规范提供实践依据。②

尽管我国ERMS建设成就可观,但不平衡、不完善和低水平重复建设的现象仍然十分明显,主要表现为品牌杂、质量参差不齐、与OA系统衔接不够、缺乏与业务系统衔接的接口和网络拓展模块、忽视数字信息的长期保管、没有纳入电子政务整体建设等。究其原因,则主要是ERMS功能需求的不完善,导致ERMS发展水平较为落后。根据中国人民大学信息资源管

---

① 祖凌宇、林祥振、邹德军:《国家电子文件支撑平台系统的建设》,载《中国档案》,2010年第12期,第64~65页。
② 《国家档案局办公室国家发展和改革委员会办公厅关于确定企业电子文件归档和电子档案管理第一批试点单位的通知》,http://www.saac.gov.cn/news/2016-12/22/content_169723.htm,访问日期:2017年5月31日。

理学院"电子文件管理机制研究"课题组的调查研究①,79.6%的文件形成机构已经使用电子文件管理系统,但现存系统(或模块)在功能上差异较大。在系统接收范围上,仅有25.6%的系统能接收和管理机构内部形成的所有电子文件,74.4%不能接收和管理数据库、电子邮件、多媒体文件、网站文件等。在系统功能上,大部分系统仅具有归档、备份、长期保管的功能,声称具有归档功能的,却没有规范的功能需求;声称具有鉴定功能的,却没有电子文件保管期限表;声称具有元数据捕获功能的,却没有执行元数据规范;声称具有长期保管功能的,却已经出现了电子文件无法读取的情况。在元数据管理上,只有2%的系统具有元数据捕获和对电子文件真实性的认证功能。

　　档案馆的电子文件管理及系统建设的情况同样也不容乐观。根据中国人民大学信息管理学院的调查显示②,2010年,全国30个省级档案馆和16个副省级档案馆中有17家省级档案馆和9家副省级档案馆已经接收电子文件,占全部调查对象的56.5%。51.9%的档案馆开发了专门的管理系统,但其系统名称各不相同,如"电子文件档案资源管理中心""文档一体化管理系统""电子政务档案信息管理系统""电子文件中心管理系统""电子文件归档与接收平台""网上档案馆""数字档案馆"等,这也从一定程度上反映了对系统功能认识的混乱。其产品来自9个软件商,市场占有率最高的(21.4%)厂商拥有3个用户。在14家单独为电子文件开发系统的档案馆中,有7家(50%)自称其系统是基于OAIS模型的,同时也有5家(35.7%)则认为其系统没有基于OAIS模型。另外2家没有作答。有趣的是,有1家自称其系统基于OAIS模型和另外1家自认为其系统没有基于OAIS模型的档案馆使用的是同一个软件商的产品。由此可见OAIS模型的认知度不高,大家对于如何应用这个模型也存在不同的认识。在功能上依次为接收、检索利用、数据管理、存储与备份、鉴定、长久保存、安全保密、审计、封

---

① 张宁:《我国电子文件管理现状调查与思考》,载《档案学通讯》,2008年第6期,第15～19页。

② 刘越男、杨程婕等:《我国省级、副省级档案馆电子文件移交进馆及管理情况调查分析》,载《档案学通讯》,2011年第4期,第7～12页。

装、格式转换等。2012年的追踪调查则显示①,在全国47家省级、副省级综合档案馆中,已经开展电子文件移交进馆工作的至少有35家,约占74.5%,仅仅两年的时间,增幅就达18%,但ERMS的建设并没有太大改观。这些情况说明我国档案馆的电子文件管理系统的成熟度不高,无法保障电子文件真实、完整,不能实现电子文件的长期保管和有效利用。

1.1.2.2 电子文件管理系统功能及其应用调查与分析

为进一步了解电子文件管理系统在电子文件管理实践中的功能需求及实施现状,项目组于2015年开展了问卷调查。调查对象为安徽省合肥市部分企事业单位档案工作人员,包括部分有电子文件管理实际工作经验的高校教师和学生。调查问卷包括被调查者基本信息、电子文件管理系统认知情况、电子文件管理系统主体功能和电子文件管理系统拓展功能四个部分。问卷针对电子文件管理系统的拓展应用功能还设置了一道主观题,旨在寻求不同企事业单位、高校专业人士对电子文件管理系统功能拓展的建议和现有功能的评价,以期为今后的研究提供一些可供借鉴的想法。

本次调查共发放问卷300份,回收问卷276份,有效问卷261份,有效问卷回收率达到87%,符合问卷调查的样本要求。

①电子文件管理系统的认知情况。

电子文件管理系统随着电子文件的发展应运而生,简单的操作、快捷的运算、合理的存储方式和灵活的传递方法,使电子文件管理系统在电子文件管理实践中受到越来越多人的青睐。通过调查人们对电子文件管理系统的认知程度,能够更好地掌握当前电子文件管理系统的运行状况和大众对电子文件管理系统的需求特征,以便开发出适应电子文件管理需求的电子文件管理系统。

如图1-1所示,在调查大众对电子文件管理系统的认知程度时,我们发现71.6%的被调查者曾使用过电子文件管理系统;然而只有62.4%的人习惯当前的电子文件管理系统;而将管理电子文件管理系统的人员的工作纳

---

① 刘越男、祁天娇:《我国省级、副省级档案馆电子文件接收及管理情况的追踪调查》,载《档案学通讯》,2014年第6期,第10~15页。

入考核体系的只占总体的33.3%。在调查电子文件管理系统的功能情况时,只有49.8%的电子文件管理系统符合人们心理需求。通过对数据的分析,我们了解到当前的电子文件管理系统普及率比较高,使用面也比较广,大众对电子文件管理系统的意识和认知总体来说还是比较好的,随着经济的进一步发展,这一比例还会提高;而且从当前的数据可以看出,已经有一部分企业将负责电子文件管理系统的工作人员的工作纳入考核体系,但比例不高,说明电子文件管理系统的工作没有引起广泛的重视,有待进一步提高。而电子文件管理系统符合人们心理需求的比例还是有点低的,这也反映了当前虽然有众多的电子文件管理系统软件,但是真正人性化设计的并不多,这就需要一些软件开发者在开发软件时,既要预测电子文件管理系统未来的发展趋势,同时又要兼顾人们的使用特点,突出人性化设计的特征,这样才能取得软件开发的成功。

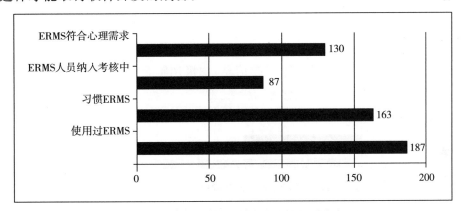

图1-1 电子文件管理系统的利用情况

②电子文件管理系统的功能需求。

电子文件管理系统之所以适应时代的发展需要,在一定程度上是因为其功能的多样性和实用性。随着互联网大范围的普及和信息技术的运用,许多计算机软件开发企业,设计出一批又一批的电子文件管理系统,来适应人们日常工作和生活的需要。随着信息技术的日新月异,不断开发出来新的电子文件管理系统,这些系统在原有系统的基础上,通过新的思想和技术的运用,实现了电子文件管理系统功能的多样化,来满足人们工作和生活的需要。

如图1-2所示,调查发现在人们理想的电子文件管理系统应具有的功能中,安全与保密的得票数最高,达到了253票,其次是操作简单便利和检索利用,而传递的功能排名最低,只有109票。在图1-3中,我们可以看到,在列举的5项选项中,计算统计的比重最高,为26%,其次是信息存储和信息传递。由此可见,随着信息技术的普及和各种安全事件的发生,人们对电子文件管理系统的安全程度要求还是很高的,这即是受访者对隐私的关注和重视,也与电子文件安全性要求相一致。在操作便利和检索利用方面,人们也希望电子文件管理系统能够使用简单、操作便利、方便利用。实用性一直是企业和个人对一个电子文件管理系统功能的好坏评价的重要标准,随着社会化分工日益细化,电子文件管理系统也应该符合时代发展的实际需求。从图1-3中我们也能看出,人们也注重电子文件管理系统能够解决一些复杂的问题,尤其是在计算统计方面。在大数据发展的时代,对数据的分析和利用已经成为一个企业想要求得进一步发展必须应用的方法和技巧。通过挖掘数据背后的含义和隐藏的信息,积极调整企业的发展战略和方向,这样才能更好地适应市场的需要。

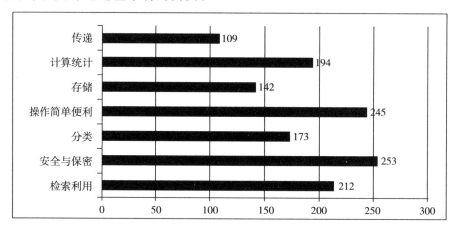

图1-2 电子文件管理系统的功能需求

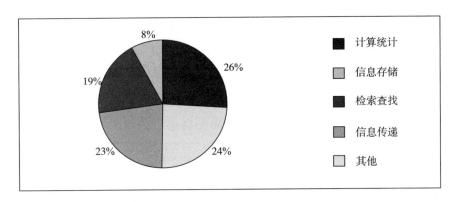

图 1-3 电子文件管理系统功能的关注

③电子文件管理系统的应用领域和人员的培训。

一个电子文件管理系统若要得到广泛应用,不仅要有完备的功能,还要具有很好的兼容性和通用性,这样才有利于扩大使用范围,赢得更大的市场份额。而在管理电子文件管理系统的人员设置上也很重要,专业的管理人员的出现无疑为电子文件管理系统的运用和管理提供了便利。

由图 1-4 可知,在企业中,人们更希望在销售部应用电子文件管理系统,其次是财务部和人力资源部。而在对单位哪些人员应该进行电子文件管理系统的培训工作的调查问卷时,人们首推信息化管理人员,其次是业务人员和文书人员。由此可以看出,作为一个企业十分重要的三个部门——销售部、财务部和人力资源部,电子文件管理系统在这些部门的运用,很大程度上能够提高企业人力资源的有效利用,提高企业整体的经济效益,使企业对销售、财务和管理方面的信息有一个比较直接、清晰的认识和了解,能够为企业的发展制定出更好的方针。这也说明电子文件管理系统在企业的应用更侧重其实用性和效益性,这有利于重要部门的发展,但同时也会使其他普通部门得不到更多的重视,不利于企业其他部门的建设和效率的提高。一个企业要想提高整体的运行效率,那么需要对信息合理地处理和利用。信息化管理人员最应该被培训也说明了这一点。业务人员比例较高,也说明了作为为企业创造收入的人员,他们利用信息的程度要大于其他的工作人员,通过对他们进行培训,能够及时掌握信息的更新与变动,及时抓住商机,为企业创造盈利的空间。而文书人员比例较低,一方面与职业本身有关,应用到电子文件管理系统方面的业务比较单一,另一方面这些人员并不直接参与企业盈利和管理,企业对其缺乏足够的重视。对信息化管理人员和业务人员的培训,有利于促进信息的流通和应用,提高信息的利用度,促进企业更好地发展。企业也应该重视对文书人员的培训,提高电子文件管理系统的应用程度,从而改进整体管理和提高综合效率。

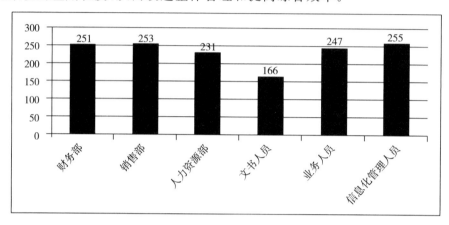

图 1-4 企业电子文件管理系统的应用部门和培训人员

④电子文件管理标准规范。

项目组通过对国际、国家和行业标准的系统梳理,在问卷设计上,选取了全程/综合性管理规范、管理评估规范/工具、系统功能需求规范、元数据规范、某些管理环节规范、重要/常见类别电子文件管理规范6个方面作为选项供被调查对象选择,调查结果如图1-5所示。可以看出,选择全程/综合性管理规范、系统功能需求规范这两个方面的人数较多,选择管理评估规范/工具的人数与元数据规范的人数基本持平。

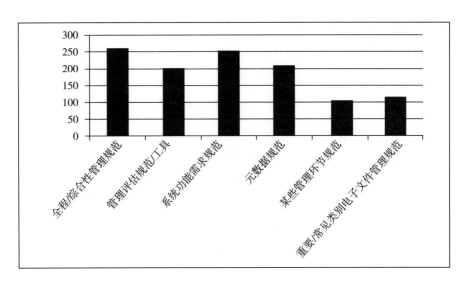

图 1-5　电子文件管理标准规范

⑤对现有电子文件管理系统的主观感受。

电子文件管理系统是否能够满足电子文件管理的要求,需要通过长期的实践验证才能得到确切的答案。但档案工作人员在使用电子文件管理系统中的主观感受可以从一个侧面反映其质量高低和功能优劣。被问及现有电子文件管理系统是否满足心理需求时,选择"是"的人不到受访者的一半,有将近三分之一的人认为"一般",而选择"否"的人占比为 18.8%,如图 1-6 所示。其原因固然可能是因为受访者自身,如不习惯使用电子文件管理系统、电子文件的管理与纸质文件的管理有很多不同之处等。但不容否认,电子文件管理系统确实存在许多需要改进的地方。进一步了解受访者对现有电子文件管理系统的具体主观感受,得到如图 1-7 的结果。从中可以看出,有超过 90% 的受访者选择了方便快捷,这可能是信息技术带给人们的普遍的心理感受,但电子文件管理系统使电子文件管理更加方便快捷却是不争的事实。选择功能丰富和效率高的受访者,占比也很高。由此可见,电子文件管理系统改进了电子文件的管理。而认为现有的电子文件管理系统具有局限性,还需要进一步改进的占比也很高,说明使用者对现有的电子文件管理系统的不满意度还相当高。

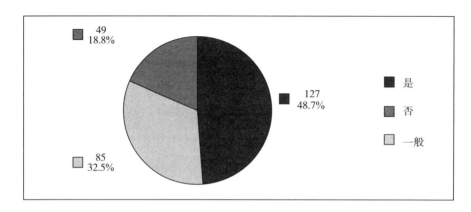

图 1-6 电子文件管理系统符合心理需求

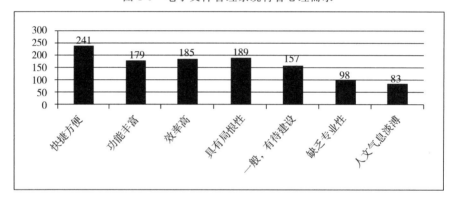

图 1-7 对现有电子文件管理系统的看法

⑥电子文件管理系统功能拓展。

随着科学技术的发展和广大用户要求的不断增加,电子文件管理系统需要与时俱进,它的一些功能需要进一步拓展以适应新的变化。有的功能要继续加强,有的则需要根据用户产生的新要求开发出来。

如图 1-8 所示,调查中我们分别通过功能的二次开发方面、使用的便利性方面、现有功能稳定性方面、技术提高方面 4 块来了解大家对电子文件管理系统功能拓展的看法。结果显示,人们最关心的是"技术提高方面",有高达 254 人(97.3%)选择"技术提高方面"。大数据时代,在爆发式增长的海量数据前,传统的电子文件管理系统的技术水平无疑面临着重大考验,它是否能更快速准确地处理数据?是否能智能挖掘数据背后的信息?是否更加安全保密?等等,都是人们特别关心的问题,同样也是电子文件管理系统的核心问题。

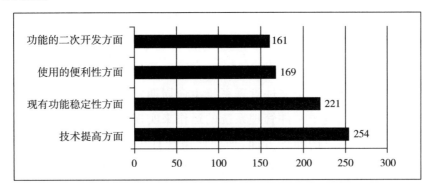

图1-8 电子文件管理系统功能拓展

在"技术提高方面"之外,有221人(84.7%)选择"现有功能稳定性方面",随着电子文件管理系统承担责任不断增加,系统功能的稳定性也越来越重要。系统的负荷承载能力,它能否可以协调各种功能以同时处理大量数据,会不会出现"拥塞死机"的情况?另外,"现有功能稳定性方面"也包括系统的抗干扰能力,有些系统抗干扰能力差,对突发事件、不合理事件、"有毒数据"等考虑不全面,一旦出现停电、死锁、病毒侵入等问题,系统功能就无法正常发挥,甚至可能造成系统瘫痪,系统数据丢失、破坏,给企业造成巨大损失。因此,文件管理信息系统现有功能的稳定性方面被大家格外看重,未来这一块的功能需要加大力度去拓展。

另外,"使用的便利性方面"(64.8%)、"功能的二次开发方面"(61.7%)也得到很多人的关注。电子文件管理系统的快速处理、安全稳定是基础,在这样的基础上,人们会关心使用的便利性,它是否操作简单?还是需要专业的训练,经过一系列程序才能操作?通过我们的调查可以看到,很多人希望未来电子文件管理系统在使用的便利性方面继续拓展,未来的系统必然是使用便利化、智能化。在功能的二次开发上,要求在现有的功能上进行定制修改、功能扩展,然后实现自己想要的功能,这样的修改不仅节约了时间、精力、金钱成本,而且由于新功能是建立在原来功能之上的,原来功能相对成熟,新功能的基础也更为牢靠。因此,"功能的二次开发方面"同样被很多人看重。但是相对于"技术提高方面"(97.3%)、"现有功能稳定性方面"

（84.7%），人们显然更关注这两个最基本、最核心的要求,在这样的基础上,人们才会要求二次开发,才会希望它能更加便利。

通过对调查数据的分析和相关文献的总结,我们认为应当从三个方面加强电子文件管理系统的建设。

一是需要加强对电子文件管理系统生命周期发展的控制。由于电子文件的管理必须经过电子文件管理系统的运作来实现,因此,当前我国对此方面的研究多从对需求的捕捉方面、如何使用计算机技术完善电子文件管理系统方面和该使用何种技术来提高电子文件管理系统的功能等方面来进行理论思考和实践探索。但是电子文件管理系统必须融入电子文件管理系统的设计、技术、制作流程、前期调查、后期维护、法律、标准、管理方式等相关因素中,保障电子文件可以在日常管理和运行时具有法律效应和行政实际应用的价值,而不仅仅限于单纯的开发和对电子文件管理系统自身高效的使用来进行科学化实践。最为重要的是电子文件管理系统作为一个软件系统,同时又作为一个综合类的大系统,如何调剂电子文件管理系统本身在捕获、鉴定、归档、检索、审计、著录、转载、处置等方面与电子文件管理系统作为一个大系统在人员、方法、政策、标准等使用时所产生的矛盾,这些都需要从系统生命周期的观点中加以整理、协调。但是我国对电子文件管理系统生命周期发展的研究不足,重视力度不够,尤其是在我国电子文件管理逐渐与国际接轨的背景下,没有对管理系统的功能性拓展进行深入的研究。因此,对电子文件管理系统的发展趋势预估不足,对技术性操作的指导方面无法起到应有的作用。

二是强化对电子文件管理系统功能需求的实证探索。电子文件管理系统功能的研究和探索需要落实在实际效果上,从现有的研究成果来看,主要以学术论文的形式呈现,大多是对国外的研究方式、方法、经验等进行介绍,对电子文件管理系统实践与理论的独创性研究比较少。而针对电子文件管理系统功能方面和具有对其功能的需求方面的研究成果更是寥寥无几,无法对现有的电子文件管理系统的研究实践来进行指导,更无法满足当前电子文件管理软件的开发和购买者的设计需要。2012 年,我国颁布了国家标准《电子文件管理系统通用功能要求》,对电子文件管理系统建设起到了一定的引导作用,但该需求规范在功能划分上缺乏内在的逻辑联系,功能描述上可操作性不强,和相关国际标准相比,还存在很多不足之处。因此应该强化对电子文件管理系统功能需求的实证探索,将研究深入技术领域中。

三是加快构筑电子文件管理系统测评体系。随着档案信息化建设进程的加速,各类电子文件数量持续快速增长,它们在档案事业中扮演的角色越来越重要,与此同时面临的风险也越来越大。由于电子文件管理系统评价体系的不完善,电子文件管理系统的质量参差不齐,相互之间缺乏互操作性,造成信息安全和管理问题也与日俱增。因此必须处理好电子文件在保管与利用,安全与保密中的安全风险、安全成本与安全效率的平衡关系,规范统一电子文件管理系统的评价指标体系,多功能、多方面、多角度、全方位地提升电子文件管理系统测评体系、改善电子文件管理系统功能、促进电子文件管理系统的建设与发展。

1.2 研究目的与意义

1.2.1 研究目的

ERMS是电子文件的聚集地,是实现电子文件科学管理和有效利用的必备工具。脱离电子文件管理系统的电子文件将会变成海洋中无根的浮萍,既不可能进行有效的管理,又不能保证其行政有效性和法律凭证性。通过文献分析和问卷调查可见,电子文件管理系统在电子文件管理实践中受到越来越多的重视,应用范围越来越大,但现有的系统却大多存在功能不完善、操作不简便、互操作性差等不同程度的问题。设计和开发电子文件管理系统的第一步,也是至关重要的环节,就是其功能需求的调查分析和科学描述。对于通用ERMS来说,其功能需求的依据是ERMS功能需求规范。我国于2012年发布了国家标准《电子文件管理系统通用功能要求》(GB/T 29194),为ERMS的设计与开发提供了依据,但和国际上相关标准规范,如MoReq和ICA-Req相比,该标准在电子文件管理功能描述上较为简单笼统,缺乏可操作性,实践性不强。

鉴于我国ERMS建设与发展的现状和相关标准规范存在的不足,本书的研究旨在通过系统梳理国内外 ERMS 的理论研究成果，充分了解我国 ERMS 建设与发展的现状，借鉴国际相关标准和规范的成功经验，引入面向服务架构的理念，进一步明确电子文件管理系统的概念与内涵，系统梳理和解析电子文件管理系统的功能需求，为我国相关标准和规范的修订提供理论依据，促进我国 ERMS 的建设和发展。

1.2.2　研究意义

ERMS 的分析、设计和实施是国际、国内档案界的研究热点，功能需求的分析和研究尤为重要。将面向服务架构这一技术和理念引入电子文件管理系统及其功能需求研究中，具有十分重要的意义。

理论上，面向服务架构理念的引入，扩大和拓宽了电子文件管理系统及其功能需求研究的范围和视野，可以完善相关领域的理论研究。如，依据传统软件工程的理论，在电子文件整个生命周期内，电子文件管理系统存在三种形态，无法在概念和内涵上将三者统一起来。而将面向服务架构的理念引入后，可以将电子文件生命周期内的电子文件管理系统作为一个整体来理解，从而以全新的方式来诠释电子文件管理系统，并以全新的视角对电子文件管理系统及其功能需求进行研究。

实践上，引入面向服务架构的理念，不仅可以对 ERMS 功能需求进行全新的理解和分析，构建电子文件全生命周期的功能需求规范，还能使基于服务组件的电子文件管理系统具有更好的互操作性，而服务组件的可复用性，可以提高 ERMS 的开发效率，降低开发成本，促进 ERMS 的应用和普及。

1.3　研究方法

（1）文献研究法

文献研究法通过搜集、鉴别、整理文献，充分梳理现有关于电子文件、ERMS 及其功能需求的研究成果，为本书的研究提供翔实的理论基础。文献主要来源于国内外各文献数据库，如中国知网（CNKI）、万方数据库、重庆维普数据库、超星电子书、PQDT（ProQuest 学位论文文摘索引数据库）、

Emerald 管理学期刊库、Web of Science、Elsevier 电子期刊、Springer 电子期刊等,以及百度、Google 等网络搜索引擎。

(2)比较分析法

通过比较分析的方法,对国内外有代表性的 ERMS 功能需求标准和规范进行研究,比较其异同,分析其优缺点,特别是对现有的两个基于服务的功能需求规范,美国的 RMSC 和欧盟的 MoReq2010,作了详细的解读和比较,以期把握其精髓,为构建我国基于服务组件的 ERMS 功能需求规范提供借鉴。

(3)调查分析法

采用问卷调查分析的方法,对合肥地区部分企事业单位的 ERMS 实施现状进行调研,了解档案工作者在使用 ERMS 中的主观感受和对 ERMS 功能的看法和要求,并借此获取相关第一手资料,为项目研究提供准确的实践依据。

1.4 研究框架

本书的研究共包括七个部分,分别是绪论、电子文件管理系统概述、电子文件管理系统功能需求及标准、SOA 与电子文件管理服务组件、基于服务组件的电子文件管理功能需求范例研究、电子文件管理服务组件及其功能需求和结语。

第一章绪论,介绍了本书研究的理论背景和实践背景,本书研究的目的与意义、研究方法和研究框架。

第二章电子文件管理系统概述,在简要介绍电子文件相关理论的基础上,系统分析了电子文件生命周期内的管理系统,即 ERMS 在电子文件管理不同阶段上的形态及其作用。对 ERMS 的概念,则在系统梳理现有相关定义的基础上,提出基于服务组件的 ERMS,从全新的角度来理解 ERMS 的概念和内涵。

第三章电子文件管理系统功能需求及标准,选取了四个最有代表性的 ERMS 功能需求标准,对其内容进行了详细的解读和比较分析。这四个标准分别是美国的《电子文件管理软件应用系统设计标准》(Dod5015.2—

STD)、欧盟的《电子文件管理通用需求》(MoReq2010)、ISO 的《电子办公环境中文件管理原则与功能要求》(ISO 16475)和我国的《电子文件管理系统通用功能要求》(GB/T 29194)。

第四章 SOA 与电子文件管理服务组件,介绍了服务组件和面向服务架构(SOA)的相关概念和理论,重点探讨了电子文件管理服务组件的概念,分析和探讨了将服务组件引入 ERMS 中的意义、挑战和要求。

第五章基于服务组件的电子文件管理功能需求范例研究,重点介绍了美国文件管理服务组件(RMSC)和欧盟 MoReq2010 的发展,详细解读了以服务组件描述的电子文件管理功能,并对二者进行了比较。

第六章电子文件管理服务组件及其功能需求,则在前述研究的基础上,确定了电子文件管理功能的七个服务组件,将其作为 ERMS 的功能需求,并作简要描述。

结语总结了本书研究的创新之处和有待改进的地方,并展望未来的研究方向。

第 2 章
电子文件管理系统概述

随着电子文件在社会生活各个领域的应用日益普及,档案管理工作也越来越离不开计算机技术。不仅过去在手工环境下形成的纸质文件需要借助计算机进行管理,由于电子政务和电子商务的不断推广,电子文件还逐步成为机构业务活动,甚至整个社会活动的主要记录形式。电子文件的出现使档案信息的传播和提供利用更加便捷和高效,但同时也给档案工作带来了新的挑战。电子文件的诸多特性使其管理必须采用新的手段和方法,不能生搬硬套纸质文件的管理理论与方法。电子文件没有与文件内容相对应的、单一且固定的载体,不能通过原始载体实现对内容的控制、组织、维护和鉴别。电子文件管理必须跳出纸质文件管理所奉行的载体控制的窠臼,从电子文件的特性入手,寻求最佳的管理方式。

电子文件在其整个生命周期内,始终在 BS 或 ERMS 内流转。固化在特定载体上的、脱离电子文件管理系统的电子文件只是一堆"死档案",无法方便快捷地提供利用并充分发挥其价值。电子文件的系统依赖性,实际上依赖的是 ERMS。因此,电子文件管理必须从传统的载体控制向系统控制转变,即通过功能完善的 ERMS 来实现对电子文件的科学管理和有效利用。

电子文件的特性要求电子文件必须实行全程管理和前端控制,只有将电子文件纳入 ERMS 中,才能实现这一目标。同时,电子文件管理的重中之重是保障电子文件的真实性①,这也是电子文件管理的基本要求。保证电子文件真实性的各个要素不再像纸质文件那样固化在载体上,而是需要在电子文件所处的不同计算机系统中捕获并管理,所有这些要素既是电子文件的组成部分,又是电子文件真实性及其价值实现的保证。因此,确认电子文件满足最佳证据规则的条件不再是电子文件的原始载体,而是功能完整的 ERMS。也就是说鉴定电子文件的真实性,只需要验证电子文件管理系统功能的完整性即可。② 总之,电子文件管理系统是实现电子文件科学管理,并能够将其作为社会记忆永久保存的关键因素。

2.1 电子文件

ERMS 是对电子文件进行管理的应用系统,因此,弄清楚什么是电子文件是讨论 ERMS 相关问题的前提。什么是电子文件?近二十年来,这个问题得到了学术界充分的讨论,电子文件与电子档案的概念之争,也尘埃落定。尽管如此,电子文件的定义仍然众说纷纭,千差万别。③ 这些定义之间的共性和细微差异,非本文讨论的重点,在此不再赘述。广泛被接受的观点认为,电子文件是国家机关、社会组织或个人在履行其法定职责或处理事务过程中,通过计算机等电子设备形成、办理、传输和存储的数字格式的各种信息记录④,即数字属性和文件属性是电子文件的两个基本特征。

首先,电子文件是以二进制编码存储的数字信息,从而区别于传统的纸质文件。以纸张为主要记录载体的文件,其各种要素固化在载体纸张上,其

---

① 张宁:《浅析电子文件的原始性与真实性》,载《档案学通讯》,2003 年第 1 期,第 43～46 页。

② 刘越男:《提升电子文件管理系统质量的路径分析》,载《档案学研究》,2010 年第 5 期,第 82～86 页。

③ 张正强、程妍妍:《论电子文件管理的基础——对电子文件概念的科学定义》,载《浙江档案》,2010 年第 8 期,第 28～31 页。潘未梅、方昀:《文件档案概念辨析——以 InterPARES 项目为例》,载《档案学通讯》,2013 年第 4 期,第 25～29 页。王岚:《文件还是档案——为 records 正名》,载《档案学研究》,2009 年第 5 期,第 13～16 页。王大青:《电子文件概念发展及其理论实质分析》,载《北京档案》,2015 年第 2 期,第 10～13 页。

④ 冯惠玲,刘越男等:《电子文件管理教程》(第二版),北京:中国人民大学出版社,2017 年,第 1 页。

管理活动的对象是集成了各种文件要素的纸张。电子文件历经数十年世界各国的实践探索和理论研究,已形成一整套完备的管理理论和方法。而电子文件的数字属性使构成电子文件的各种要素不再与某一固定的载体绑定,组成电子文件的二进制编码甚至可以游离于任一固定载体而存在,特别是对计算机软硬件环境的依赖,让电子文件在迅猛的技术变革浪潮中,面临越来越多的挑战。

其次,电子文件具备文件属性,即形成于业务活动中并为其提供凭证。这是电子文件区别于一般意义上计算机文件的根本所在,也是电子文件需要妥善管理并能为社会所用的价值所在。

电子文件的数字特征决定了电子文件管理必须依赖计算机系统,而其文件属性则要求必须保证其真实性。通过固化在某一特定载体上的方式,并不能真正实现电子文件的管理。电子文件从其形成的伊始,就依存于某一计算机应用系统,直至其销毁或永久保存,电子文件可能还会转存到其他的应用系统,这些计算机应用系统决定了能否实现电子文件的科学管理。

2.2 电子文件生命周期内的管理系统

电子文件生命周期可以划分为不同的阶段,即现行期、半现行期和非现行期三个阶段,其划分仍然适用于电子文件。在不同阶段,其管理主体和价值形态有着明显的阶段性划分,保管主体经历了从业务部门到档案保管部门(档案室),再到永久保管机构(档案馆)的变迁过程。所以电子文件所依存的计算机应用系统并非一成不变,在其生命周期内会在不同应用系统中流转。尽管可以笼统地称为电子文件管理系统,但在不同阶段,由于电子文件的功能和价值形态的不同,对电子文件实施管理的软件系统也存在差别,如图 2-1 所示。

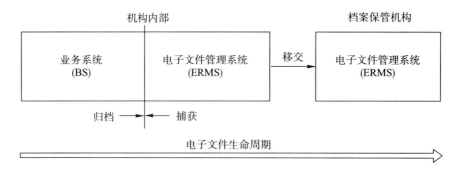

图 2-1 电子文件生命周期内的文件管理系统

2.2.1 业务系统

业务系统是机构开展业务活动所使用的信息系统,其目的是实现机构业务活动的开展。业务系统因机构业务活动的不同而种类繁多,如电子办公系统(OA)、电子商务系统(EC)、企业资源规划系统(ERP)、人力资源管理系统(HR)、客户管理系统(CRM)等。[1]

尽管业务系统是为了业务活动的开展,但作为业务活动真凭实据的业务信息通过必要的手段与业务背景相关联,并得到积极的管理和可靠的维护,最终以电子文件的方式在业务系统中生成、保存,满足业务的需要。电子文件则成为业务活动的记录和凭证,如果缺失或不完整,机构的业务活动和职能就会面临风险。因此,业务系统中的电子文件管理不论从电子文件本身而言,还是从机构业务活动的开展来看,都具有十分重要的意义。

业务系统的设计与开发基于业务活动的开展和实施,尽管也对系统中数据的输入输出和存储进行管理,但都是为业务活动的实现服务的。如果不考虑文件本身的管理要求,特别是业务活动结束后的归档管理要求,电子文件真实性和完整性所必需的各种背景信息和结构信息就可能会缺失。在这种情况下,即使业务系统能够满足机构的业务需求,但必然会造成电子文件归档管理的隐患。因此,在业务系统中必须整合对文件进行收集、整理和

---

[1] 钱毅:《电子文件管理系统功能需求规范定位研究》,载《北京档案》,2011年第4期,第24~26页。

归档的功能。包含在业务系统中对文档进行分类、存储、版本控制和利用的子系统,又称为电子文档管理系统(Electronic Document Management System,EDMS)。

电子文档管理系统是业务系统的一个子集,实现电子文档的管理和控制。在电子文档管理系统中可以对文档进行修改,文档可以存在多个版本,甚至可以被所有者删除,同时还包含文档存储的结构,并处于使用者的控制之中。更主要的是,电子文档管理系统的主要目的是实现对文档的日常使用的控制,以文档作为信息表现形式,为机构业务活动的开展提供支撑。由此可见,电子文档管理系统的主要目的是支持电子文档的创建、修改和管理,不能对这些文档实现档案化管理。尽管如此,电子文档管理系统"能够区分文档的草稿、定稿、历次修改稿,能够保证经它分发的文档在特定范围内具备执行力"①,可以保障文档流转、版本控制和文档的现行效力,有保存价值的电子文档最终移交到 ERMS 中归档保存管理。因此,功能完备的电子文档管理系统,可以在源头上保证电子文件与业务活动有关的各种背景信息的真实完整,从而符合电子文件长期保存和管理利用的需求。

2.2.2 机构电子文件管理系统

机构 ERMS 的管理对象是经过鉴定并归档保存的电子文件,与之关联的业务活动通常已经结束,其内容信息、背景信息和结构信息将作为一个整体静态地、固化地保存在存储载体上。尽管文件管理活动本身会形成新的背景信息,并且这些信息会成为电子文件的组成部分动态地保存下来,因此,可以认为 ERMS 中的电子文件是静态的、固化的和不可逆操作的。

机构 ERMS 一方面为业务活动提供证据,另一方面是实现对电子文件的档案化管理,保证其证据价值,并根据规定向档案馆移交。而后者,即实现文件的档案化管理,则是机构 ERMS 的首要目标。ERMS 中的管理活动不再是业务活动的伴生物,而是基于文件自身的管理目标,因此必须满足相

---

① 黄玉明:《电子文件(档案)管理系统建设的需求分析》,载《中国档案》,2011 年第 2 期,第 34~36 页。

应的功能要求。因为电子文件管理系统的功能要求通常与机构的业务活动关联度不大,甚至有时没有关联,一般仅着眼于电子文件的档案化管理,所以这些功能要求通常以国家标准或行业标准的方式加以规范。如美国国防部 DOD5015.2、欧盟的 MoReq、国际档案理事会的 ICA-Req(ISO 16175),以及我国的《电子文件管理系统通用功能要求》(GB/T 29194)。

从电子文件生命周期来看,机构 ERMS 关注的是电子文件的半现行阶段,但必须能够与现行阶段和非现行阶段衔接,即"承前启后"。"承前",即与 BS 的衔接,表明机构 ERMS 必须能够捕获 BS 中产生的电子文件及其元数据;"启后",则是与档案馆 ERMS 的衔接,要求两者必须遵循相同的管理规范或标准。

2.2.3 档案馆电子文件管理系统

档案馆 ERMS 对各类具有永久保存价值的电子文件进行管理,我国许多学者根据其管理对象的数字化特征,亦称之为"数字档案馆系统"(Digital Archives,DA)。这类系统又称为"可信任数字仓储"(Trusted Digital Repository,TDR),主要应用在国家档案馆和其他承担文件长久保存任务的机构。①

数字档案馆系统"承担对电子档案及其他数字资源的采集、存储、管理、提供利用"②,其核心功能是真实长久地保存馆藏数字资源。目前对其研究的项目和成果非常多,包括 OAIS 模型(ISO 14721)、TRAC(可信任数字仓储审核与认证:标准与审核列表)。但总体来说,大量的解决方案尚处于研究阶段。

上述三种系统形态既存在复杂的交叉组合关系,又可能一个系统兼具多类系统功能,如 EDMS/ERMS(或 EDRMS),ARMA(美国文件与行政管理协会)还专门发布了 EDMS 和 ERMS 的集成管理系统框架报告(TR48—

---

① 刘越男:《提升电子文件管理系统质量的路径分析》,载《档案学研究》,2010年第5期,第82~86页。
② 冯惠玲、刘越男等:《电子文件管理教程》(第二版),北京:中国人民大学出版社,2017年,第72页。

2004）。我国不少电子文件中心系统、美国的 ERA 就涵盖了 ERMS 与 DA 的功能范围。

2.3 电子文件管理系统的概念

2.3.1 相关定义评述

简单地说，ERMS 就是对电子文件进行管理的应用软件系统，但是对其准确严谨的定义，却众说纷纭。以下仅列出有代表性的概念表述，以作探讨。

（1）ERMS 是机关、团体、企事业单位和其他组织用来对电子文件的识别、捕获、存储、维护、利用和处置等进行管理和控制的信息系统。①

（2）狭义的 ERMS 是以信息技术为支持，能够对电子档案进行管理，保证电子文件的行政有效性和法律证据性的计算机软、硬件系统；广义的 ERMS，包括所有与电子文件管理有关的技术、管理、法律、标准、人员等相关因素在内的宏观系统。②

（3）ERMS 是专门用于对文件的维护和处置予以管理的系统。这些系统保存文件的内容、背景、结构和文件之间的关联，使之可以访问，同时又维系了文件作为证据的价值。③

（4）电子文件管理应用软件是机构用于管理文件的软件，其主要管理功能是处置文件，对文件进行分类、定位并标识，同时也对文件进行存储、提取和处置。④

---

① 冯惠玲、刘越男等：《电子文件管理教程》（第二版），北京：中国人民大学出版社，2017 年，第 331 页。

② 于丽娟：《电子文件管理系统初探》，载《浙江档案》，2001 年第 9 期，第 36～37 页。

③ International Council on Archives and Australasian Digital Records Initiative，"Principles and Functional Requirements for Records in Electronic Office Environments-Module 2: Guidelines and Functional Requirements for Electronic Records Management Systems"，网络出版：www.ica.org，2008 年。

④ Department of Defense，"Electronic Records Management Software Applications Design Criteria Standard"，美国国家标准，2007 年。

（5）欧盟的 MoReq 认为，满足电子文件管理功能的电子文件管理系统是一个专门软件，可能是由专业软件包、若干集成软件包、个性化软件或者它们的组合所构成，并且在任何情形下，还需要作为补充的手工处理和管理策略。机构可以根据自身的业务特点，从需求规范中选择合适的功能，形成能够满足机构业务需求和文件管理需求的 ERMS。

从上述定义可以看出，其一，电子文件管理系统是一种专门的、独立的计算机软件系统或信息系统，这是电子文件管理系统的属类；其二，电子文件管理系统与一般信息系统的区别是功能的不同，实现电子文件管理是 ERMS 的目的。

这种对 ERMS 定义的方法存在两个不足之处：

第一，将 ERMS 视为独立的计算机软件系统，使 ERMS 无法涵盖电子文件的整个生命周期。电子文件的特性要求其管理必须实现全程化和前端控制。全程管理要求将电子文件在其整个生命周期内作为连续的、动态的发展过程实行统一管理，如前所述，由于电子文件在业务活动开展过程和归档后的文件管理过程中，保管主体和管理目的都存在不同的阶段性，使用不同的计算机管理系统，若不能将电子文件纳入统一的管理系统中，其真实性、完整性将面临极大的风险。而电子文件管理中的前端控制，则要求电子文件的诸多管理活动和要求必须在业务系统中实现，但从上述定义可以看出，业务系统却被排除在外，对文件各种背景信息和结构信息的收集和管理有时会在业务活动结束之后才开展。尽管业务系统的设计与开发会将文件的管理要求纳入系统的功能需求中，但这些功能实现是否符合电子文件的管理要求却存在疑问，因为业务系统的这些功能要求可能没有严格遵循电子文件管理的功能需求。

电子文件从产生、使用、管理，直至归档保存或销毁，构成了完整的生命周期。对电子文件的标识、分类、索引、存储和利用的方法与步骤能否在其生命周期内得到有效的应用决定了能否实现对电子文件的科学有效管理。而且，这些方法与步骤的应用应当尽早开展，即实现电子文件管理的前端控制。大量能够保证电子文件真实性的背景信息和来源信息均在机构的业务信息系统中生成，然而，业务管理信息系统是为机构和用户之间开展业务提供便利,尽管包含文件管理的功能,但主要以支持业务活动为目标,注重业务流程、版本控制等,对文件信息固化后的管理不是它的关注重点。[①] 将电子文件管理系统作为独立完整的软件系统进行设计开发,依然是后置的,无法真正做到前端控制。要实现业务系统和电子文件管理系统的无缝对接,又存在许多困难,如文件格式标准、互操作等。

第二,上述定义均强调电子文件管理系统的功能性要求,但对电子文件管理系统应当具备的功能却存在表述不准确的或语焉不详之处。如,电子文件的捕获,包括对其分类,对电子文件分类应当在业务系统中完成,而不是在 ERMS 中才开展。也就是说,电子文件的许多档案化管理功能已经前移至业务系统中展开,将电子文件管理与业务系统割裂开来的定义,自然存在诸多不当之处。

事实上,对电子文件管理系统的定义面临一个两难的境地。如果采用目前通用的方法,将 ERMS 界定为电子文件的档案化管理过程,特别是机构内部对电子文件的档案化管理,则其与前端的业务系统和后端的档案馆电子文件管理系统的衔接,将是电子文件管理中必须面对的难题,这种衔接过程,既让电子文件面临诸多风险,同时又增加了电子文件的管理成本。鉴于电子文件管理流程的变化,其整个生命周期内必须作为一个连续的统一体进行管理,才能更好地保证电子文件的真实性和完整性。而目前的做法,电子文件在其生命周期内,分别处于不同的管理系统,自然不利于电子文件的科学管理。因此,使用一个统一的管理系统对电子文件进行管理是最佳的方式。然而,电子文件生命周期理论是对电子文件产生和发展的自然规律的认识,把电子文件划分为现行阶段、半现行阶段和非现行阶段,是电子文件客观状况的反映。在不同阶段,电子文件具有不同的管理要求和管理主体,也是业务活动和文件管理的自然要求,要把电子文件纳入一个统一的管理系统中,显然是不可能完成的任务。

但面向服务架构以服务的方式描述电子文件的管理功能,而不必将电

---

① 钱毅:《电子文件管理系统功能需求规范定位研究》,载《北京档案》,2011年第4期,第24~26页。

子文件的各个管理功能集成在一个应用软件系统中,从而可以解决这一困境。电子文件的管理功能可以单个地,也可以组合地,以组件的形式实现,若干个组件可以集成在一起构成一个单个独立的应用软件系统,也可以集成在其他的管理系统中,实现特定的文件管理功能。也就是说,电子文件管理系统不再是一个独立的计算机应用系统,而是若干个可以实现电子文件管理功能的服务(组件)的组合。

2.3.2 基于服务的电子文件管理系统

面向服务的架构(Service Oriented Architecture,SOA)是一种建立、维护、管理信息系统和业务流程的方法。在面向服务的架构下,服务或组件可以被共享和复用,应用集成变得轻而易举。SOA是一个组件模型,它将应用程序的不同功能单元通过这些服务之间定义良好的接口和契约联系起来。SOA的目标在于让信息系统变得更灵活,可以更快地响应不断改变的企业业务需求,解决软件功能复用和不同系统之间的互操作性问题。

面向服务架构体现了IT系统组件化和服务化构建思想,由于服务本身可以重用,可以通过服务的组合和编排来满足业务的实现。也就是说,IT系统的开发不必像过去那样将其作为一个完整的应用系统来开发,而是分解为离散的、自治的服务组件,通过提升互操作性,实现共享和复用。如果一个应用系统基于面向服务的架构,首先该应用系统至少有明确的业务组件和服务组件定义,同时组件之间满足高内聚、松耦合的要求;其次对于组件之间的交互均通过服务的方式进行,或者至少预留了服务接口;再次这些服务可以灵活地重用或组合。

总之,面向服务架构的思想是传统软件开发方法的升华,为电子文件管理的设计与开发提供了新的思路,也为理解电子文件管理系统提供了新的途径。基于服务组件的理念,可以把电子文件管理系统理解为由满足电子文件各项管理功能的服务组件所构成的集合,即电子文件管理系统是一个电子文件管理服务组件库。把电子文件管理系统理解为服务组件库,既有利于实现对电子文件整个生命周期的全程管理,又使电子文件管理软件系统的设计开发变得更容易,效率更高,具有更好的互操作性。

首先，将电子文件管理功能的需求以服务组件的方式加以描述和定义，可以使不同系统中的电子文件管理功能遵循相同的标准和规范。如前所述，电子文件管理历经了业务系统、机构和档案馆电子文件管理系统的不同形态，这些系统通常都是分别开发的，其中的文件管理职责主体也各不相同，不同系统之间的衔接和文件管理功能的互操作，始终是电子文件管理的瓶颈。而通过服务组件库来描述并定义电子文件的管理需求，就不必再关注特定系统中电子文件管理功能是如何实现，以及实现的效果评价。要保证电子文件的科学管理，只需做好电子文件管理服务组件库的建设就可以了。把电子文件管理的所有功能要求集成为服务组件库，对这些服务组件进行充分、完善的描述，提供与平台无关的接口，并保证服务质量。这些服务组件可以被任何系统所调用，即电子文件的管理功能可以很方便地集成到其他管理系统中，而不论这些系统的开发环境、实施主体和开发目的。

其次，电子文件管理服务组件可以嵌入在系统中，即不同的应用系统重复调用服务组件库中的服务组件，从而实现文件管理的功能。服务组件的可复用性，既可以减少重复开发，又能够保证各种应用系统中的文件管理功能具有相同的实现方式，从而保证电子文件管理的一致性。

再次，电子文件管理系统不再像过去所说的那样，必须是一个独立完整的计算机软件系统。以服务组件拼装的方式所构筑的系统，可以是一个完全以电子文件管理为目的的独立的计算机应用系统，也可以是仅包含若干电子文件管理功能（服务组件）的复杂的大型管理信息系统，电子文件管理只是其中的一部分功能。而以服务组件来描述和定义电子文件的管理功能要求，可以忽略计算机软件系统的具体形态、实施方式，着重强调服务组件中文件管理功能的描述与实现，以及服务接口的调用，从而最大限度地实现电子文件在不同机构、不同管理阶段的科学管理。

第 3 章
电子文件管理系统功能需求及标准

3.1 概述

ERMS 的质量高低决定了电子文件管理的成败,如何提升电子文件管理系统的质量,不仅是理论研究需要关注的,还是电子文件管理实践必须面对的问题。要提升 ERMS 的质量,标准引导是重要的方法之一。所谓标准引导,"即通过制定系统功能需求规范及实施指南,引导产品的研发和系统的应用"。[①] 以标准和规范的形式,明确 ERMS 的功能要求,软件供应商在开发或出售系统时,保证系统符合这些标准,文件管理需求者在购买管理系统时,则根据标准来判断系统的质量。

自 1996 年以来,制定电子文件管理系统需求标准的国家、地区和地方政府非常之多,截至 2008 年,全世界至少有 13 个国家、1 个地区(欧盟)制定了 ERMS 功能需求规范。[②] 其中,比较有影响力的规范包括美国国防部的 DoD5015.2—STD,欧盟的 MoReq2,英国的 TNA 2002。此外,国际档案理事会(ICA)等国际组织也都制定了类似标准,在相应范围内都发挥了影

---

① 刘越男:《提升电子文件管理系统质量的路径分析》,载《档案学研究》,2010 年第 5 期,第 82~86 页。

② 刘越男:《提升电子文件管理系统质量的路径分析》,载《档案学研究》,2010 年第 5 期,第 82~86 页。

响力。

自此之后,又有许多国家和机构颁布了 ERMS 功能需求标准,如我国于 2012 年颁布的《电子文件管理系统通用功能要求》(GB/T 29194—2012)。此外,为应对电子文件管理所面临的信息技术的挑战,已颁布的标准也不断更新,影响也不断扩大。如欧盟于 2011 年颁布了 MoReq 修订版 MoReq 2010,国际档案理事会颁布的 ICA-Req 被国际标准化组织采纳为 ISO 16175。

3.2 现有标准介绍与评述

在现有的 ERMS 功能需求标准中,美国的 DOD 5015.2-STD 可以说是第一部全面、详细规定电子文件管理软件功能需求的标准,不仅在北美地区,而且在世界范围内,都发挥极其重要的影响。欧盟的 MoReq,特别是 2011 年颁布的 MoReq 2010,以服务的理念描述 ERMS 的功能需求,并创造性地提出"MoReq 2010 标准符合性软件系统"的概念,为 ERMS 功能需求标准及系统的设计与开发提供了新的思路。国际档案理事会的 ICA-Req,根据大多数发展中国家的电子文件管理需求,分别制定业务系统和 ERMS 的功能需求规范,具有较强的普适性,并且被 ISO 采纳为国际标准后,其在世界范围内的影响和作用将会进一步加大。我国颁布的《电子文件管理系统通用功能要求》(GB/T 29194—2012),尽管需求描述不够全面、详细,可操作性不强,但对我国的电子文件管理及 ERMS 的设计开发,具有较强的针对性,意义深远。

3.2.1 《电子文件管理软件应用系统设计标准》(DOD 5015.2-STD)

《电子文件管理软件应用系统设计标准》(Electronic Records Management Software Applications Design Criteria Standard),即 DOD 5015.2-STD,是美国国防部颁布的、规定美国国防部各部门使用电子文件管理应用软件所必须满足的强制性需求。该标准在国际电子文件管理领域,是第一个制定、并被广泛采用和实施的电子文件管理标准,国际标准化组织、国际档案理事会、欧盟和其他各国在制定相关电子文件管理标准上发挥了重要的参考和借鉴价值。

3.2.1.1 制定过程

1993年,美国国防部文件管理项目组(DoD records management task force)成立,由美国国家档案和文件管理署(National Archives and Records Administration,NARA),美国陆军、美国空军等机构的工作人员组成。项目组就电子文件管理的重新组织展开研究,并与加拿大英属哥伦比亚大学的研究者进行合作,建立了电子文件管理的活动模型(Activity Model)和实体模型(Entity Model)。在这些模型的基础上,项目组提出了《47项功能需求》(The 47 Functional Requirements)。随后,项目组发布第一份研究报告《文件管理软件的基本功能需求和数据元素》。研究报告发布后,美国国防部下属的国防信息系统部接手工作,并由其下属的联合互操作测试组(Joint Interoperability Test Command,JITC)进一步完善功能需求。

1996年,JITC工作人员开始起草标准,依据联邦文件法案(Federal Records Act)及NARA的相关规章制度,并参考其他国家的有关标准。1997年,DOD 5015.2《电子文件管理软件应用系统设计标准》正式颁布,规定了DoD各部门电子文件管理系统必须满足的强制基本功能需求和最低功能需求。2002年,DoD对该标准进行修订,并于同年6月出版了第二版。2007年4月,DoD重新修订了该标准,并颁布了DoD 5015.2的修正版,也就是我们通常所说的DoD 5015.2 V3标准规范。

DoD 5015.2定义了什么是文件、文件的生命周期及其生命周期内的管理和操作,同时也描述了ERMS应该具备的基本功能和高级功能,对电子文件管理中的术语也给出了比较详细清晰的注释和说明。对于文件管理者、系统开发设计人员、ERMS的最终用户和企业来说,DoD 5015.2是一个很好的参考和学习资源,具有普遍的指导意义。该标准在美国各政府部门也得到了广泛的使用,NARA专门发布公告,要求联邦政府机构在选择应用软件管理电子文件和向NARA移交电子文件时,应当符合DOD 5015.2

的测试与验证规范。①

3.3.1.2 主要内容

①简介。

DoD 5015.2 V3 正文之前列出了参考文献、术语定义和缩略语。

概述介绍了 DoD 5015.2 V3 标准规范的意义和目的,并列举了标准规范存在的局限性和不足之处。

强制功能需求列出了文件管理应用软件必须满足的基本功能,并对每一项功能进行了解释和描述,但并没有给出具体的实现方式。具体的实现是由系统开发团队自行设计和开发。

第三章对符合 DoD 规范的保密文件进行了定义,并详细描述和解释了保密文件的操作规程和应用规则。文件管理应用软件只有满足规范中所列举的功能和要求才可以为其提供密级文件的管理和支持。在 DoD 的标准规范中,保密等级被划分为:绝密、隐秘、机密、非保密,符合 DoD 规范的文件管理应用软件必须对以上四种保密等级支持。

第四章对隐私法案和信息自由法案下的文件管理操作和功能进行了规范。

第五章描述了文件在不同系统之间传输或移交的功能需求。在文件管理的过程中,出于安全性和文件操作规程的要求,文件通常会在不同文件管理系统之间传输或移交。由于每个文件管理应用软件的实现、管理和存储方式不同,尤其是数据模型的差异,DoD 对符合此标准规范的文件管理应用软件提出统一的文件导入和导出数据格式。因此,所有符合 DoD 标准的文件管理系统必须提供对此格式的支持,以便于不同文件管理系统之间的数据和文件转移。如,对于某些机构的文件,若干年后,需要将文件移交到另外一个独立的政府管理部门或者组织进行统一管理。此时,该政府管理部门或组织就需要接受不同公司、组织和机构的文件,而每个公司可能在使用不同的文件管理系统,统一的数据格式就可以保证从不同的文件管理系

---

① National Archives and Records Administration,"NARA Bulletin 2008 – 07", accessed March 8,2015, http://www.archives.gov/records – mgmt/bulletins/2008/2008 – 07.html.

统导出的文件被接受和导入。其前提是,所有这些文件管理系统需要符合 DoD 标准的文件传输数据格式。

第六章描述的可选功能需求是用户在文件管理和操作中提高工作效率和方便使用的选项,如存储能力、文档类型与格式、系统性能,以及全局修改功能、批量数据导入导出等功能。

②强制功能需求。

强制功能需求包括一般需求和详细需求两个部分,其中,详细需求如表 3-1 所示。

表 3-1 详细强制功能需求

编号	强制功能需求	分需求个数
C2.2.1	实施文件规划(Implementing File Plans)	10
C2.2.2	确定文件保管期限(Scheduling Records)	11
C2.2.3	文件声明和归档(Declaring and Filing Records)	26
C2.2.4	电子邮件归档(Filing Electronic Mail Messages)	7
C2.2.5	文件归档(以备向 NARA 传输或移交)(Filing Records to be Later Transferred or Accessioned to NARA)	2
C2.2.6	文件存储(Storing Records)	5
C2.2.7	重要文件保存和管理(Retention and Vital Records Management)	8
C2.2.8	利用控制(Access Controls)	7
C2.2.9	系统审计(System Audits)	6
C2.2.10	产品组合(Product Combinations)	9
C2.2.11	系统管理需求(System Management Requirements)	6
C2.2.12	附加基本要求(Additional Baseline Requirements)	6

③元数据。

DoD 5015.2 V3 分别在强制需求的 C2.2.1(实施文件规划)和 C2.2.3(文件声明与归档)对元数据作出了规定。由于不是通用元数据集,元数据项目并不多。如表 3-2 和表 3-3 所示。

表 3-2 文件规划要素(File Plan Components)

需求	文件规划要素
强制数据集合(Mandatory Data Collection)	
C2.T1.1	文件类名(Record Category Name)
C2.T1.2	文件类标识符(Record Category Identifier)
C2.T1.3	文件类描述(Record Category Description)
C2.T1.4	处置指南(Disposition Instructions)
C2.T1.5	处置责任者(Disposition Authority)
C2.T1.6	向NARA传输或移交指示器 (Transfer or Accession to NARA Indicator)
C2.T1.7	关键文件指示器(Vital Record Indicator)
强制数据结构(Mandatory Data Structure)	
C2.T1.8	关键文件评估和更新周期 (Vital Record Review and Update Cycle Period)
强制支持(Mandatory Support)	
C2.T1.9	机构可定义域(Organizational Definable Fields)

表 3-3 文件元数据要素(Record Metadata Components)

需求	文件元数据要素
强制数据集合(Mandatory Data Collection)	
	文件标识符、标记和指示器 (Record Identifiers, Markings, and Indicators)
C2.T3.1.	文件唯一标识符(Unique Record Identifier)
	文件描述(Record Descriptors)
C2.T3.2.	主题或题名(Subject or Title)
	文件日期(Record Dates)
C2.T3.3.	归档日期(Date Filed)
C2.T3.4.	发布日期(Publication Date)
	文件责任者和机构(Record People and Organizations)
C2.T3.5.	作者或生成者(Author or Originator)

续表

需求	文件元数据要素
C2.T3.6.	生成机构(Originating Organization)
强制数据结构(Mandatory Data Structure)	
	文件标识符、标记和指示器 (Record Identifiers, Markings, and Indicators)
C2.T3.7.	补充标记清单(Supplemental Marking List)
	文件描述(Record Descriptors)
C2.T3.8	介质类型(Media Type)
C2.T3.9	格式(Format)
	文件日期(Record Dates)
C2.T3.10	接收日期(Date Received)
	文件责任者和机构(Record People and Organizations)
C2.T3.11	接收者[Addressee(s)]
C2.T3.12	其他接收者[Other Addressee(s)]
	附加元数据(Additional Metadata)
C2.T3.13	地点(Location)
	强制支持(Mandatory Support)
C2.T3.14	机构定义域(Organization－Defined Fields)

④利用控制。

所谓利用,是指"从所存储信息中获取知识的能力或机会"(DoD 5015. 2 V3,DL1.1)。而利用控制的含义则包括:

(1)允许或拒绝使用通信系统组成部分的服务特性或方法。

(2)对个人或应用程序在存储设备中获取或存储数据的能力进行定义或限制的方法。

(3)利用控制的类型包括强制利用控制和自选利用控制。

(4)使自动化系统中的资源仅限于授权的用户、程序、处理或其他系统访问的处理方法。

(5)由资源控制者执行的,提供系统资源满足用户需求的功能。

DoD 5015.2 V3 对利用控制的规定较为细致严格,在强制需求中有 40 个条款出现"授权用户"这样的术语,为了明确"授权用户"的角色和权限,标准在"存取控制"这一部分对此作出具体说明。一般来说,系统通常有三个管理员角色。应用管理员(Application Administrator)负责 RMA 基础架构的配置和管理。文件管理员(Records Manager)负责文件管理活动的监控。特权用户(Privileged Users)是指超越普通用户权限的用户。如表 3-4 所示。

表 3-4 授权用户角色及权限详细规定

条款	应用管理员	文件管理员	特权用户
C2.2.1.1.生成、编辑、删除文件规划的内容及其标识符	保证数据结构正确安装,保证数据库链接可用	输入文件规划内容	无
C2.2.1.2.指定系统中哪些元数据域以列表的形式出现;生成、维护列表(比如下拉列表)的取值	保证数据库的正确建立和安装	定义列表	无
……	……	……	……

⑤ 保密文件管理。

如果文件管理应用软件管理的是保密文件,则其必须满足保密文件管理的需求,这些需求是除第二章列出的强制需求之外的管理需求。

保密文件管理中的元数据和利用控制比普通文件管理的要求则更为严格,详见 DoD 5015.2 V3 标准规范中的保密文件要素表(Classified Record Components Table,C3.T1.)和保密文件授权用户需求(Classified Records Authorized Individual Requirements,C3.T2.)。

表 3-5 保密文件管理需求

编号	功能需求
C3.1.1	保密文件元数据集(Mandatory Metadata Fields for Classified Records)
C3.1.2	初始密级(Initial Classification)
C3.1.3	当前密级(Current Classification)

编号	功能需求
C3.1.4	原始保密文件(Originally Classified Records)
C3.1.5	衍生保密文件(Derivatively Classified Records)
C3.1.6	多衍生源(Multiple Derivative Sources)
C3.1.7	解密事件(Declassify On Event)
C3.1.8	解密时间范围(Declassify On Time Frame)
C3.1.9	存储解密文件(Storing Declassified Records)
C3.1.10	密级指南(Classification Guides)
C3.1.11	映射密级指南值(Mapping Classification Guide Fields)
C3.1.12	归档前准确性确认(Confirming Accuracy Prior to Filing)
C3.1.13	编辑文件(Editing Records)
C3.1.14	Current Classification
C3.1.15	豁免类别(Exemption Categories)
C3.1.16	文件历史审计(Record History Audit)
C3.1.17	使用文件历史审计(Using the Record History Audit)
C3.1.18	Marking Search and Screening Results Lists Printouts and Displays
C3.1.19	利用冲突(Access Conflicts)
C3.1.20	检索保密文件(Searching Classified Records)
C3.1.21	利用限制(Restricting Access)
C3.1.22	利用控制(Access Control)
C3.1.23	Classified National Security Information Not Declared as Records
C3.1.24	追踪保密文件接收者(Tracking Recipients of Classified Records)

⑥测试与认证。

DOD5015.2-STD一致性测试由JITC负责,目的是检验文件管理系统是否满足DOD5015.2-STD,测试名称为"文件管理软件一致性测试和评估"(Records Management Application Compliance Test and Evaluation),NARA承认该项测试的权威性。测试合格获得认证证书,认证的有效期为两年。

DOD5015.2-STD一致性测试分为五种,分别为:强制功能需求测试、可选功能需求测试、保密文件管理测试、捆绑产品(Paired Products)测试和部分强制需求测试。

测试过程则如图 3-1 所示。

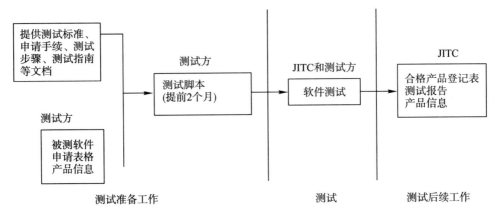

图 3-1　测试程序

3.2.2　《电子文件管理通用需求》(MoReq)

3.2.2.1　制定与发展过程

欧盟委员会(European Commission)一直重视并致力于为各种机构和组织的信息与文件管理提供指导，DLM 论坛(DLM Forum)就是欧盟为促进其与各成员国及各成员国之间在电子文件管理领域加强合作所组建的一个跨学科论坛。论坛的主要目标是了解、促进和实施电子文件管理领域的各种理论创新和技术方案，并进一步拓宽欧盟及其各成员国之间在这一领域的合作，DLM 论坛每三年召开一次，探讨机读数据、电子文件的管理、保存和利用等相关问题。MoReq 是 DLM 论坛的重要成果之一。①

2001 年，MoReq 的第一个版本《电子文件管理通用需求》(Model Requirements for the Management of Electronic Records)正式发布。MoReq 对 ERMS 的功能需求作了详细规定，并详细描述了电子文件的管

---

① DLM Forum Foundation, "Our History", accessed November 15, 2014, http://www.dlmforum.eu/index.php/about－us/our－history.

理。① MoReq 发布之后便受到广泛关注,大多数欧盟成员国和一些域外国家均将其采纳为本国的电子文件管理需求规范。②

为适应技术环境和业务环境的变化,满足欧盟各成员国不同的电子文件管理需求,修正 MoReq 的缺陷,如元数据模型上,规范缺少外部监控和一致性测试结构等,欧盟于 2006 年启动 MoReq 的修订程序,于 2008 年发布了 MoReq 的新版本 MoReq2。③ MoReq2 专门设置了"第 0 章",允许欧盟成员国加入自己特殊的管理需求,内容更加全面和系统,涵盖了当时最新的理论和技术研究成果,并首次引入测试和认证机制。MoReq2 还规定了一个更为复杂的元数据模型,并添加 XML schema。

MoReq2 的发布在获得较高的评价的同时,也收到许多来自电子文件管理部门和机构、电子文件管理专家、翻译家等渠道的信息反馈。根据这些反馈信息,MoReq 管理委员会组建了 MoReq2010 工作组,试图改变 MoReq 仅适用传统办公等行业的现状,力图将其适用范围扩大到医疗、金融、法律等专业性很强的领域,并在此基础上有所创新,最终于 2011 年发布了《电子文件管理通用需求》的新版本,即《文件系统模块化需求体系》(Modular Requirements for Records Systems),简称 MoReq2010。MoReq2010 采用模块(Modular)划分的方式,将电子文件管理需求划分为核心需求、插入需求和扩展需求三大模块。同时引入"基于服务架构"(service — based architecture)这一新理念,每一项服务代表一个模块,不同的服务执行不同的功能,使得基于 MoReq2010 开发的 ERMS 具有更好的共享性和可重用性。遵循 MoReq2010 需求规范设计开发的 ERMS 称为 MoReq2010 符合

---

① DLM Forum Foundation,"MoReq SPECIFICATION",accessed May 12,2014,http://ec. europa. eu/archival－olicy/moreq/doc/moreq_en. pdf.

② Marc Fresko,"MoReq2:a European Contribution to the Preservation of Electronic Records",DigCCurr2009,April 1－3,2009,Chapel Hill,NC,USA.

③ DLM Forum Foundation,"MoReq2 SPECIFICATION",accessed May 12,2015,http://ec. europa. eu/archival－policy/moreq/doc/moreq2_spec. pdf.

性文件系统（MoReq2010® compliant records systems，MCRS）。①

3.2.2.2 主要内容

2001年发布的MoReq共13章，390多项需求。第一章为前言，主要介绍需求报告制定的背景、应用范围、特点和不足等。第二章为ERMS需求概述，对术语和概念加以界定，并提供了实体关系图。第三章至第十章分述ERMS的功能需求，如表3-6所示。

表3-6 功能需求框架

章节	内容	需求个数
第三章 分类方案 Classification Scheme	3.1 分类方案配置（Configuring the Classification Scheme） 3.2 类和案卷（Classes and Files） 3.3 子卷（Volumes） 3.4 分类方案维护（Maintaining the Classification Scheme）	39
第四章 控制、安全 Controls and Security	4.1 利用（Access） 4.2 审计追踪（Audit trails） 4.3 备份和恢复（Backup and Recovery） 4.4 文件运动追踪（Tracking Record Movements） 4.5 真实性（Authenticity） 4.6 安全分类（Security Categories）	50
第五章 保存、处置 Retention and Disposal	5.1 保管期限表（Retention Schedules） 5.2 复审（Review） 5.3 移出、输出、销毁（Transfer, Export and Destruction）	46
第六章 文件捕获 Capturing Records	6.1 捕获（Capture） 6.2 批量导入（Bulk importing） 6.3 文档类型（Types of Document） 6.4 电子邮件管理（E-mail Management）	27

---

① DLM Forum Foundation,"MoReq2010®: Modular Requirements for Records Systems Volume 1: Core Services & Plug-in Modules",accessed May 12,2015,http://mor-eq2010.eu.

续表

章节	内容	需求个数
第七章 引用关系 Referencing		7
第八章 查找、检索和输出 Searching, Retrieval and Rendering	8.1 查找和检索(Search and Retrieval) 8.2 输出:文件显示(Rendering: Displaying Records) 8.3 输出:打印(Rendering: Printing) 8.4 输出:其他(Rendering: Other)	46
第九章 管理功能 Administrative Functions	9.1 基本管理功能(General Administration) 9.2 报表(Reporting) 9.3 文件修改、删除和编辑(Changing, Deleting and Redacting Records)	30
第十章 其他功能需求 Other Functionality	10.1 非电子文件管理(Management of Non-electronic Records) 10.2 混合案卷的保存和处置(Hybrid File Retention and Disposal) 10.3 文档管理(Document Management) 10.4 工作流(Workflow) 10.5 电子签名(Electronic signatures) 10.6 加密(Encryption) 10.7 电子水印(Electronic Water marks) 10.8 互操作性和开放性(Interoperability and Openness)	71

第十一章为非功能需求,主要内容如表3-7所示。

表3-7 非功能需求框架

章节	内容	需求个数
第十一章 非功能需求 Non-Functional Requirements	11.1 易用性(Ease of Use) 11.2 性能及可测性(Performance and Scalability) 11.3 系统可用性(System Availability) 11.4 技术标准(Technical Standards) 11.5 法律及制度要求(Legislative and Regulatory Requirements) 11.6 外包及第三方数据管理(Outsourcing and Third Party Management of Data) 11.7 长期保存和技术荒废(Long Term Preservation and Technology Obsolescence)	69

第十二章是元数据需求。MoReq 给出了通用元数据集,元数据项目达到 127 项,具体见表 3-8 所示。

表 3-8　元数据需求

章节	内容	需求个数
第十二章 元数据需求 Metadata Requirements	12.1 原则 Principles 12.2 本章组织方式说明 Organization of the Remainder of this 12.3 分类方案元数据项目 Classification Scheme Metadata Elements 12.4 类和案卷元数据项目 Class and File Metadata Elements 12.5 案卷和子卷元数据项目 Metadata Elements for File or File Volume 12.6 子卷元数据项目 Volume Metadata Elements 12.7 文件元数据项目 Record Metadata Elements 12.8 文摘元数据项目 Record Extract Metadata Elements 12.9 用户元数据项目 User Metadata Elements 12.10 角色元数据项目 Role Metadata Elements 12.11 元数据自定义功能需求 Customization Notes for Metadata Requirements	元数据项目 127

元数据项目的说明包括项目序号、元数据项目名称、取值个数、所及条款。元数据项目说明的具体结构如表 3-9 所示。

表 3-9　元数据项目说明(截取"文件元数据项目"部分条款)

项目序号	元数据项目	取值个数	涉及条款
12.7.1	标识符 Identifier	1(有且只有一个)	7.1.1
12.7.2	主题 Subject	1(有且只有一个)	6.1.2 10.3.5
……	……	……	……

续表

项目序号	元数据项目	取值个数	涉及条款
12.7.6	接收人 Addressee(s)(尽可能自动捕获)	1—n(至少一个或更多)	6.1.2 6.4.3
12.7.18	用户自定义元数据 User-defined metadata elements	0—n(可为空、一个或任意多个)	未定

  第十三章为参考模型。能够帮助读者更好地理解需求条款的术语和管理模型(即实体关系模型)。

  MoReq2 是 MoReq 的改进和扩展,在概念术语和结构体系上沿用了 MoReq,二者几乎是兼容的。MoReq2 整体内容的章节安排与 MoReq 基本一致,但部分章节的内容变化较为明显,同时增加了两个附录。附录 8 用来说明修订的内容,以便于规范使用。附录 9 则是独立发布的元数据规范。

  和 MoReq 相比,MoReq2 的改进表现在以下几个方面。①

  (1)需求的变化。

  MoReq2 也是从第三章到第十一章描述了 ERMS 的功能需求、可选功能需求和非功能需求,除第三、六、十章外,标题也完全一致,但需求条款数量从 385 增加到 780,增加了一倍还多,需求的内容更加全面、详细和充分,也更准确。

  如第三章的分类方案,在 MoReq2 中,标题为分类方案和文件组织(Classification Scheme and File Organisation),需求条款从原来的 39 个增加到 91 个,并且增加了"子卷(sub-file)"层次。分类方案层次由原来的三级变成四级,即类(class)、案卷(file)、子卷(sub-file)和册(volume),从而更有效地在内容上对文件进行逻辑分类,形成概念体系,同时又实现了对实体文件的组织与整理,以保持文件之间的有机联系。另一个变化是增加了文件与类之间的直接对应。

  (2)概念和术语的变化。

  一方面,为了与其他标准的术语保持一致,采用了通用的术语。如第八

---

  ① 张宁:《欧盟<电子文件管理通用需求第二版——MoReq2>解析》,载《北京档案》,2008 年第 7 期,第 46~48 页。

章中，presentation 代替 rendering，并在术语表中对二者进行了详细的区分。另一方面，MoReq2 对以前尚未定论的理论和表述方式作了进一步的完善。如将"数字签名"改为"电子签名"、将混合案卷的保管与处置改为实体文件的处置、在文档管理一节中增加了"协同工作"等。

此外，MoReq2 引入"要素"(component)这一概念。MoReq2 认为存在比电子文件还要小的电子对象。如，网页一般由若干个文本文件、图像文件和样式表组成，在操作系统中，每一个均可作为独立的实体对象。而网页一旦归档保存，必须确保构成网页的所有实体对象之间的联系。MoReq2 采用 component(要素)一词来描述这些实体对象。图 3-2 为 ER 图，表明了要素与文件之间的关系。

由图 3-2 可知，所有文档和文件都至少由一个要素构成，一些则由多个要素构成，如上述的网页文件。要素在电子文件管理中发挥至关重要的作用，还是以网页为例，要保管一个由许多要素构成的网页（事实上几乎所有的网页均是如此），真正要保管的是这些要素及其相互之间的链接，而不是网页自身。这一理念对电子文件长期保管有着深远的影响。

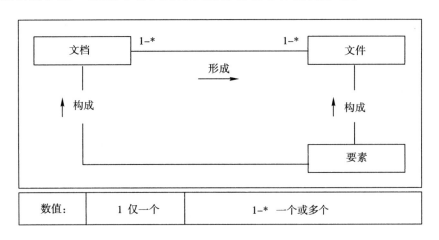

图 3-2　要素与文件之间的联系

（3）元数据的变化。

元数据的完善是 MoReq2 修订的主要目的之一，并专门设置了一个附录来描述元数据。在一致性上，MoReq 兼顾了 ISO23081、ISO15489 和 ISO15836 三个国际标准的要求。在元数据集的架构上基本遵照了

ISO23081 的实体－关系模型。在元数据元素的具体设置上，MoReq2 则强调的是用于文件管理的元数据内容。

（4）一致性测试。

直接用于 ERMS 的一致性测试是 MoReq2 的最大改进，因此，MoReq2 中的需求条款表述更加清晰、明确，并且每个需求都添加了"测试"属性，以表明该需求可否进行一致性测试。MoReq2 中的所有需求条款的可测试性可分为三大类：

Y：表示该项需求能被正式测试。

N：表示该项需求不能被正式测试。

P：表示该项需求可以被测试，但是测试带有一定的片面性，或者可能发现不一致的情况。

此外，作为 MoReq2 的一个组成部分，《MoReq2 测试框架》（MoReq2 Test Framework）也同时发布。① 测试框架为检验 ERMS 是否符合 MoReq2 提供了一致性的测试方法，并为 MoReq2 中每一个可测试的功能需求提供至少一个测试用例，非功能需求则不在测试框架内。《MoReq2 测试框架》提供的测试用例和测试脚本，使得 MoReq2 的一致性测试更具实践性。

MoReq2010 第一卷《核心服务和嵌入模块》（1.1 版）（Core Services & Plug－in Modules）包含 525 页，共 18 个章节，包括核心服务和嵌入模块两个部分。MoReq2010 将"通用模型"需求（model requirements）改为"模块"需求（modular requirements），文件系统所具备的功能以模块的形式表现出来，每一个模块代表一种系统功能，并且采用"基于服务的架构"（service-based architecture）理念，每一项服务代表一个模块，不同的服务执行不同的功能。

DLM Forum 同时发布了 MoReq2010®测试框架，作为 MoReq2010®规

---

① DLM Forum Foundation,"MoReq2 Test Framework：Introduction & Overview of the Test Framework", accessed April 18, 2015, http://ec.europa.eu/archival－policy/moreq/doc/moreq2_test_intro.pdf.

范的补充。① MCRS测试和验证通常委托测试中心执行,测试框架则为其定义了所必需的所有资源和资料。包括:

- 测试和验证总体过程的解释。
- 如何准备和应用测试。
- 供应商和测试中心执行单个模块测试所遵循的步骤。
- MoReq2010®中每个核心服务和插入或扩展模块的测试模块。

每个测试模块中包含:作为模块测试先决条件所需的测试数据。模块测试的测试脚本在测试脚本中,与至少一个MoReq2010®功能需求相关联的单个测试用例。

MoReq2010的最大亮点,也是其与前两个版本的主要区别,是引入模块化需求描述和基于服务架构的理念。而且,由于引入了基于服务架构的理念,MoReq2010对ERMS也有了全新的认识。②

(1)模块化需求描述。

MoReq2010的前两个字母缩写Mo的含义由原来的"Model"(模型)变为"Modular"(模块),从模型到模块的变化体现了其设计理念的深层次变革。MoReq2010不再像MoReq2那样,试图定义一个大而全的需求模板(Model),而是转向对需求进行模块化(Modular)划分,如图3-3所示。图中的每个方块表示一个服务或模块的需求集。

核心服务是所有类型文件管理系统共同的需求,带有强制性,这些服务是符合MoReq2010®规范的文件管理系统应具备的最基本功能要求。

嵌入模块以等效替换核心服务的功能。每个序列中的插入模块相互之间是完全等价的,一个MCRS必须实施一个序列中至少一个插入模块所描述的功能,也可以实施多个插入模块的功能。插入模块使文件管理系统在

---

① DLM Forum Foundation,"MoReq2010®: Modular Requirements for Records Systems-Test Framework: Overview and Instructions",assessed April 18, 2015, http://moreq2010.eu/.

② James Lappin,"How MoReq 2010 differs from previous electronic records management (ERM) system specifications",accessed April 13, 2015, http://thinkingrecords.co.uk/2011/05/06/how-moreq-2010-differs-from-previous-electronic-records-management-erm-system-specifications/.

实施时更加灵活,主要体现在以下三个功能领域:

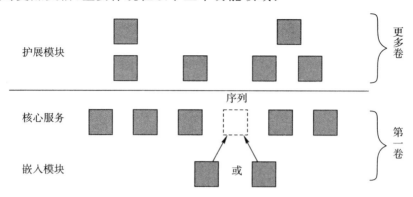

图 3-3　MoReq2010® 规范的结构

•接口类型:包括适用个人用户的用户图形界面(Graphical User Interface,GUI)和适用其他业务系统的应用程序接口(Application Programming Interface,API)。

•分类类型:允许 MCRS 采用不同的分类方法,如分层的分类方案。

•文件要素类型:允许 MCRS 支持不同类型的文件,如电子的文件或纸质的文件。

扩展模块反映各领域特色需求,是可选的。MoReq2010 卷一中描述的核心服务和插入模块形成一个基础平台,在其上可以添加各种扩展模块,扩展模块可以是核心服务的扩展,也可以是相互之间的扩展。未来,这些模块可以不断扩展,并将包括:

•附加服务,如输出(import)。

•更多概念,如重要文件(vital records)。

•特定技术,如电子邮件。

•特定领域的文件管理系统需求,如医学、金融、军事、法律等领域。

(2)基于服务架构的实体管理。

实体(Entity)和服务(service)是 MoReq2010 中两个最为关键的术语。一个 MCRS 把文件作为实体进行管理,除文件之外,MoReq2010 还定义了多个不同类型的实体。如,用户实体类型(user entity type)表示访问文件系统的用户,而类实体类型(class entity type)则表示文件管理系统中分类方案的每个入口。

尽管 MCRS 中管理的实体类型各异，但 MoReq2010 尽可能使这些实体在元数据表示、事件历史管理、访问控制和实体生命周期上保持一致。实体一旦被创建，都要添加相应的系统元数据，生成访问控制列表，记录事件，并添加必要的背景元数据。和其他信息系统不同，MCRS 中的实体是注销而不是删除，注销的实体在 MCRS 中仍然存在，称为残留实体（Residual Entity）。残留实体的作用是显而易见的，因为如果实体一旦在系统中出现，如果缺失，就无法构建文件的完整背景信息。在 MCRS 中，系统功能的执行就是对这些实体进行管理，而在基于服务的架构中，各种类型的实体被描述为通过不同的服务来管理。

MoReq2010 对文件管理的核心需求进行更详细的模块化划分，形成九种服务，也是一个 MCRS 必须满足的最小功能需求，其中文件服务是最核心的服务。

MoReq2010 并不限定软件供应商必须以单个应用程序来开发 ERMS，或在其中包含多个甚至所有的核心服务。相反，通过划分不同的服务，软件供应商能够以服务为单位开发软件，每个服务可以在不同的 MCRS 之间共享。如，一个机构中的每个文件管理系统可以共享同一个分类服务或处置挂起服务。将来建立一个 MCRS 可以从不同的供应商购买不同的服务，并整合在一起。不论是单个应用软件，还是各种服务的紧组合或松组合，所有 MCRS 都必须根据相同的符合性规则进行测试。

在基于服务架构的 MCRS 中，文件服务处于中心位置，是最核心的服务。只有文件服务不能与其他 MCRS 共享，不同的 MCRS 具有不同的文件服务，文件服务是区别不同 MCRS 的标志。而所有其他的服务均可以支持不同的文件服务，因此，可以同时作为不同 MCRS 的组成部分。除了这九种核心服务之外，MoReq2010 卷一还在第二章描述了另一个核心服务——系统服务。系统服务是 MCRS 的整体功能需求，包括授权用户操作系统的权限、实体管理、系统错误报告、元数据管理、事件管理等方面。各项服务的具体内容和对应实体如表 3-10 所示。

表 3-10 MoReq2010 核心服务和实体

服务名称	服务概述	需求数	管理对象
系统服务 System services	MCRS 的通用功能需求	28	实体类型(Entity type) 事件(Event) 功能定义(Function Definition) 服务(Services)
用户和用户组服务 User and group service	对文件系统中的用户进行管理并分组	14	用户组(Group) 用户(User)
角色模型服务 Model role service	对文件系统中的用户授权,提供访问控制手段	15	角色(Role) 访问控制列表(Access Control List)
分类服务 Classification service	将文件与其业务背景相关联	8	类(Class)
文件服务 Record service	提供文件不同级次(如类别、案卷、组等)的管理	21	集合(Aggregation) 文件(Record) 要素(Component)
元数据模型服务 Model metadata service	定义文件元数据集	20	元数据元素定义(Metadata Element definition) 背景元数据元素定义(Contextual Metadata Element Definition) 模板(Template)
处置方案服务 Disposal scheduling service	文件的生命周期流程管理	24	处置方案(Disposal Schedule)
处置挂起服务 Disposal holding service	提供根据法律或行政命令,暂停或终止正常处置流程,防止文件被销毁	7	处置挂起(Disposal Hold)
检索和报表服务 Searching and reporting service	文件检索并生成报告	27	管理检索和报表功能,非实体管理
导出服务 Export service	以 XML 形式输出系统数据	10	管理实体的导出功能,非实体管理

(3)文件管理系统的全新诠释。

首先,ERMS 可在现有业务管理系统的后台创建和捕获业务活动中的文件。

MCRS 可以无需用户接口,核心模块强调的是如果文件管理系统没有用户接口,则必须包含应用程序接口(API)。API 能够让文件管理系统与机构的其他业务管理系统整合在一起,用户也可以与之交互并创建文件。将 ERMS 整合到现存业务管理系统的后台,与实施独立的 EDRMS 所面临的挑战是截然不同的。在独立实施的 ERMS 中,最终用户可以直接参与其中并保存文件,而采用整合的方式,由于机构内存在不同的业务管理系统,它们可能从不同的软件供应商处获得,使用不同的编程语言,API 的质量也参差不齐,这样与每个业务管理系统的整合都不同,且工作庞杂。除了技术上的挑战之外,由于不同业务管理系统组织和描述文件的方式会有差别,这对整合,也是严峻的挑战。

其次,MCRS 可以控制其他系统中的文件。

MCRS 可以不具备存储文件的能力,前提条件是 MCRS 能够将分类方案、访问规则和保管规则应用到存储在其他系统中的文件;可以保护这些文件不被删除和修改;并且可以维护(和输出)这些文件所发生各种事件的审计跟踪。

再次,若机构变更文件管理系统,则新系统可以明了旧系统中对文件所进行的所有处理。

文件管理系统中文件的保管时限通常比系统的生存期要长,MCRS 能够在文件保管期限的任何时刻输出文件及其元数据,这样接收文件的系统可以获悉文件保管的策略是什么,何时保管的,还要保管多长时间。和其他规范相比,MoReq2010 对系统如何维护审计日志要求更加严格,系统要能够输出任何实体的事件历史,而且一旦某个实体在系统中被创建或被捕获,事件历史必须记录系统对该实体所作的一切处理,这样才能保证该实体的事件历史可以被另一个系统所理解。

最后,文件管理功能可以作为子功能并入业务管理系统中。

通过将核心服务拆分至极小,可以将 MoReq2010 规范中定义的文件管理功能添加到各种业务管理系统中,如财务管理系统、人力资源管理系统、设备管理系统和客户管理系统。并且,只有当机构提出要求时,这些系统的供应商才需要考虑 MoReq2010 规范的符合性,这时需要文件管理者参与其中并拥有话语权。

3.2.3 《电子办公环境中文件管理原则与功能要求》(ICA－Req)

3.2.3.1 制定过程与沿革

为电子文件管理系统制定完善的、符合自身需要的功能需求规范,是应对电子文件管理挑战所必须面对和解决的课题。许多国家和机构,包括国际标准化组织均为此付出大量心血,并形成了诸多成果,发布了许多标准和规范。由此带来的另一个难题是,由于相关标准和规范的数量太多,各个国家和机构所制定的标准和规范都有很强的针对性,根据这些标准和规范所开发的 ERMS 适用面窄,互操作性差,导致电子文件管理软件的市场难以拓展,既打击了软件商的投入热情,又使他们在面对诸多标准和规范时无所适从。更为关键的是,根据不同标准和规范设计开发的 ERMS,使不同国家之间,甚至一个国家的不同部门、不同机构之间的电子文件存在格式、相关要素收集和管理等诸多领域存在差异,给电子文件的信息共享和集中统一管理带来极大的隐患。

2005 年,澳大利亚国家档案馆(National Archives of Australia,NAA)意识到了上述电子文件管理实践中存在的问题,认为应当制定一套相互匹配、通用的文件管理功能需求,作为电子文件管理者在购买或开发 ERMS 依据的标准。[①] 2006 年,NAA 向 ICA 的项目委员会提交了正式的项目建议,ICA 很快批准了这一项目,并分配至电子文件管理与自动化优先领域(Electronic Records and Automation Priority Area),由英格兰国家档案馆馆长乔治·麦肯齐(George Mackenzie)牵头。与此同时,NAA 还寻求澳大拉西亚数字保管动议(Australasian Digital Recordkeeping Initiative,ADRI)的参与和支持。项目组由来自 12 个国家和地区档案机构的电子文件管理专家构成,这 12 个机构分别为:澳大利亚国家档案馆、新西兰国家档案馆、美国国家档案与文件管理署、德国国家档案馆、英国国家档案馆、南非国家档案馆、马来西亚国家档案馆、荷兰国家档案馆、瑞典国家档案馆、法国档案

① Cunningham, A,"Going global: developing globally harmonized software specifications for records",*Comma*,No. 2(2008):71~77.

局、开曼群岛国家档案馆、昆士兰州档案馆。

2006年9月,在苏格兰爱丁堡召开的第一次会议上,项目组确定了项目的范围及牵头机构和进度,即项目包含三个主要模块,并在2008年7月召开的ICA大会之前发布。这三个模块及其牵头机构分别为:

(1)概述文档和原则综述(美国国家档案与文件管理署和澳大利亚国家档案馆)。

(2)电子文件管理系统较高层次的需求和指南(新西兰国家档案馆)。

(3)业务管理系统中的文件管理指南和需求(澳大利亚国家档案馆和昆士兰州档案馆)。

至于进度安排,项目组认为牵头机构应当用至少十个月的时间完成各个模块的草稿。2007年9月,项目组成员在澳大利亚再次集中讨论并完善草稿,并在2008年初形成最终的开放稿本,并在网络公开,用8周的时间征集各方意见。在此基础上,2008年4月,项目组成员再次集中,根据所征集的意见,对稿本作最后修改,并形成定稿。

在标准制定过程中,项目组特别重视与其他相关组织和机构的沟通和联系,如ICA和ADRI的各成员组组员。此外,软件供应商及企业机构、政府部门、私人组织等也是项目组沟通与联系的重要对象,其目的不仅是让这些组织和机构了解项目的情况,而且更主要的是寻求专家的介入和指正。其中,ISO的文件管理委员会(TC46/SC11)尤为重要。一方面,项目组在制定标准过程中需要直接参照ISO的相关电子文件标准,如ISO 15489(文件管理)和ISO 23081(文件元数据),另一方面,项目组也希望所制定的标准将来能够被ISO采纳为国际标准。荷兰档案馆的汉斯·霍夫曼,既是本项目组的成员之一,又是ISO TC46/SC11的成员之一,可以作为两者之间的沟通桥梁。

另外一个重要的外部联系则是欧盟的MoReq2项目。MoReq2由欧盟资助,欧盟的DLM论坛负责制定的电子文件管理需求模型,因其技术含量高、需求描述细致完备,对软件供应商有着非常重要的影响,而且这一影响并不局限于欧洲。ICA项目组认识到欧洲并不代表整个世界,ICA成员国中有相当数量来自亚洲、非洲、中美洲与大洋洲的发展中国家,他们需要与经济欠发达的国情相适应,并能够满足自身需要的 ERMS 功能需求的描述。即较 MoReq2 更为原则性的需求描述,不至于让大多数的 ICA 成员国望而生畏。因此,项目组认为新西兰国家档案馆的电子文件保存系统标准是一个水平适中的需求范例,并以此作为标准研制的起点。

经过两年的不懈努力,2008 年,在马来西亚吉隆坡召开的第十六届国际档案大会上,ICA 颁布了《电子办公环境中文件管理原则与功能要求》(Principles and Functional Requirements for Records in Electronic Office Environments),并以其简称 ICA－Req 为业内所熟知。ICA－Req 是"来自全球 12 个国家的电子文件管理专家集体智慧的结晶,包括与国际档案理事会成员、国际文件档案管理专家和软件经销商的广泛协商、集思广益,集 2000 年以来国际电子文件前沿成果之成"。[①]

2010—2011 年,ICA－Req 的三个单元相继被 ISO 采用为国际标准。《信息与文献——电子办公环境中文件管理原则与功能要求》(ISO 16175－1、ISO 16175－2、ISO 16175－3),成为 ISO 电子文件管理标准的重要组成部分。已被吸纳为 ISO 16175 的 ICA－Req 是基于全球性的、与 ISO 15489 相一致的一套指南,代表当前国际公认的最佳实践和管理基准。

3.2.3.2 主要内容

ICA－Req 所包含的三个单元,分别为概述与原则综述、电子文件管理系统指南与功能需求和业务系统中文件管理指南与功能需求。

(1)第一单元 概述与原则综述。

机构各项活动的开展和成功运作,离不开生成、保存和管理业务活动真凭实据(即文件)的信息系统,即业务管理系统。业务管理系统的开发与实施是基于机构业务需求的,但必须遵循一定的原则。ICA－Req 第一单元确定了开发与实施业务管理系统必须遵循的 12 项原则,并作为第二单元和第三单元更为详细描述的需求和指南的重要基础,其中前 4 个与文件相关,其余的与系统相关。这 12 项原则分别为:

---

① 国际档案理事会编,王健等译:《电子办公环境中文件管理原则与功能要求》,北京:中国人民大学出版社,2012 年,译者序第 2 页。

①作为业务活动的真凭实据,电子业务信息必须得到积极的管理和可靠的维护;

②业务信息必须通过使用元数据与其业务背景相关联。

③业务信息必须予以保存,授权用户一旦需要时必须随时可以访问。

④业务信息必须能够以可管理的、系统的和可审计的方式予以处置。

⑤作为业务流程的有机组成,系统应支持对业务信息的有效管理。

⑥捕获和管理业务信息的系统必须依赖标准化的元数据,元数据是文件管理流程活跃的、动态的和不可分割的组成部分。

⑦系统必须确保具有跨平台、跨领域和跨时间的互操作性。

⑧系统应尽可能依托开放标准,并保持技术的中立。

⑨系统应该具备运用开放格式批量导入和导出的能力。

⑩系统必须在安全的环境中维护业务信息。

⑪系统应尽可能多地生成元数据;

⑫系统应尽可能便捷地方便用户生成或捕获业务活动的文件。

第一单元还明确了机构有效管理电子业务信息的要素,除功能完备的管理软件外,其他要素还包括:政策框架、业务流程分析、项目管理、变动管理、风险管理、可持续性、能力培养、质量管理、配置管理和机构文件。

(2)第二单元 电子文件管理系统指南与功能要求。

第二单元清晰地阐述了一整套电子文件管理系统的功能要求,分为四个主要部分:

第一部分:导言——说明本单元适用的范围、目的、对象和结构。

第二部分:指南——概述本单元的概念基础,并提供了一个高层级ERMS功能的模型。本部分提供了文件管理重要性的背景资料,描述了关键术语及概念,并概述了第三部分"功能要求"的框架。同时还阐述了在审核、设计或购买 ERMS 时应考虑的一些问题和流程。

第三部分:功能要求——给出了一个文件管理功能要求的列表,定义了ERMS 的特征,并形成了用于系统评估的文件管理功能要求。

第四部分:附录——提供了关键术语词汇表、更多读物和审核现有ERMS 是否符合规范要求的对照检查表的样本。

本单元的主要内容是详细描述了 ERMS 的功能要求,共包括 4 个功能需求集和 275 项需求,如表 3-11 所示。

在对需求描述时,使用"必须、应该、可以"来表明每个需求的相对重要性。

必须——表示该需求是必须的绝对要求。

应该——表示若有足够的理由可以不考虑该需求,但在选择不同的方案之前,必须充分明了并权衡所产生的后果。

可以——表示该需求是可选的,可以纳入或者忽略。

需要注意的是,本单元并不涉及对 ERMS 在系统管理方面的设计要求,也不包括对应用软件在性能、可拓展性和可用性方面的要求。此外,对电子文件长期保存也没有给出需求描述,在设计开发或购买 ERMS 时应考虑潜在的存储格式、保存格式过时等问题。

表 3-11　电子文件管理系统功能要求

功能集	功能	子功能	需求数
生成	捕获	捕获过程	9
		捕获点元数据	11
		电子文件聚合体	5
		批量导入	2
		电子文档的格式	2
		复合文件	2
		电子邮件	6
	识别		7
	分类	建立分类方案	13
		分类层级	9
		分类流程	15
		文件子卷	6

续表

功能集	功能	子功能	需求数
维护	管理真实可靠的文件	访问与安全	3
		访问控制	1
		建立安全控制	4
		划定安全级别	6
		执行安全控制	6
		密级	10
		文件管理元数据	13
		追踪文件的移动	3
	混合文件的管理	电子文件与非电子文件的管理	10
	保存与处置	处置期限表	32
		迁移、导出及销毁	14
		电子文件和非电子文件的保存和处置	9
传播利用	搜索、检索和呈现		27
		呈现:显示文件	3
		呈现:打印	13
		呈现:节录文件	6
		呈现:其他	1
		呈现:内容用途的变更	1
实施管理	管理	管理员功能	8
		元数据管理	4
		生成报告	8
		备份及恢复还原	6

(3)第三单元 业务系统中文件管理指南与功能需求。

业务系统是指生成或管理机构活动的数据的自动化系统,包括主要目的在于促进机构内各部门与其客户之间处理事项的应用系统。由于业务系统的目的并非电子文件管理,其中的电子文件面临真实性、完整性、可靠性和可用性缺失的可能,进而使机构面临管理失当、效率低下的风险。为解决由于越来越多地使用业务管理系统而导致电子文件管理缺陷的问题,本单元为识别文件和满足电子文件管理需求提供指南,并为业务管理系统软件内的电子文件管理功能提供一整套通用要求,从而确保机构经由业务管理系统处理的业务活动证据——电子文件,得到恰当的识别和管理。

本单元分为四个主要部分:

第一部分:引言——介绍整个单元的适用范围、目的、适用对象和结构。

第二部分:指南——提供说明文件管理重要性的背景信息,阐释关键术语和概念,概述了确定机构所需文件和在业务系统中识别文件的流程。概述了在审核、设计、购买或构建业务系统时,为嵌入文件管理功能应考虑的一些问题及流程。

第三部分:功能要求——提供可融入业务管理系统的高层级文件功能要求的综述,并概述所建议的一整套业务管理系统强制性和选择性的文件管理功能要求。

第四部分:附录——提供关键术语词汇表和更多读物。

根据文件管理的主要概念和流程,业务系统中的文件管理功能需求分4个主要方面,共125项需求,如3-12表所示。这些需求分非条件性需求和条件性需求。非条件性需求是独立的需求,独立于任何其他列出的需求;条件性需求是依赖系统支持某一特定非条件需求,从而使该条件性需求得以应用。每个需求使用关键词"必须""应该"和"可以"表示其重要性,含义和第二单元相同。

本单元也没有指定一个通用的系统管理规范,也不对可用性、报表、搜索、系统管理和性能等方面作出要求。

表3-12 业务系统中文件管理功能要求

功能集	功能	需求数
生成附有背景信息的文件	生成内容固化的文件	11
	文件元数据	12
	管理电子文件聚合体	1
	文件分类	2
管理和维护文件		1

续表

功能集	功能	需求数
	元数据设置	11
	文件的再分配、再分类、复制和摘录	4
	生成文件报告	3
	在线安全流程	2
	加密	1
	数字签名	2
	认证	2
支持导入、导出与互操作	导入	3
	导出	7
根据要求保存与处置文件	遵守处置期限表制度	14
	处置的实施	19
	审核	5
	销毁	6
	处置元数据	13
	生成处置活动报告	6

3.2.4 《电子文件管理系统通用功能要求》(GB/T 29194—2012)

《电子文件管理系统通用功能要求》(以下简称《要求》)于2012年12月31日发布,2013年6月1日实施,是目前我国唯一的 ERMS 功能需求国家标准。

《要求》的内容除前言和引言外,共分为六个部分,分别为范围、规范性引用文件、术语和定义、总则、基本功能要求、可选功能要求。

第一部分:范围——说明《要求》仅对 ERMS 通用的功能性要求作出规定,不包括系统设计和实施的具体要求,也不规定实现系统功能的平台和具体技术、详细的实施细则和系统测试的相关事项。《要求》的适用范围包括机关、团体、企事业单位和其他社会组织,也可用于相关企业和科研院所开展相关的科研和教学活动。

第二部分:规范性引用文件——列出了《要求》的应用所必需的其他标

准和规范。

第三部分:术语和定义——对《要求》中所涉及的概念作了准确界定,包括文件、电子文件、文档等共32个。

第四部分:总则——包括系统定位、功能架构、文件聚合模型、文件信息模型和法律法规遵从四部分。

第五部分和第六部分分别对ERMS的基本功能要求和可选功能要求作出了规定。《要求》按照文件管理配置功能、文件管理业务功能、安全管理功能、系统管理功能对ERMS的基本功能进行划分,其功能架构如图3-4所示。

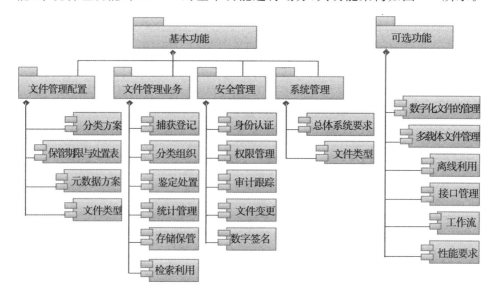

图3-4　ERMS基本功能架构图

《要求》中的每一个功能要求和非功能性要求的条款,均具备约束性声明,用以说明该要求的约束性程度,分为必选和可选两种,"必选"表示必须采用,"可选"表示可根据用户需要选用或不选用。

《要求》规定的基本功能要求和可选功能要求的含义和条款数分别如表3-13和表3-14所示。

表 3-13 基本功能要求

要求	子要求		内容	条款数
文件管理配置	分类方案的配置与管理	建立分类方案	建立和配置分类方案所遵循的要求	15
		维护分类方案	对类目进行增加、删除、合并、拆分、复制等具体维护行为所遵循的要求	15
	保管期限与处置表的配置与管理		保管期限与处置表的内容构成,制定、维护保管期限与处置表所遵循的要求	14
	元数据方案的配置与管理	元数据方案的建立	规定元数据方案定义、注册与配置	7
		元数据方案的维护	规定元数据方案的维护,包括修改、删除等	7
		元数据值的管理	规定依据元数据方案获取元数据值	11
	文件类型的配置与管理		ERMS 对于文件类型的定义和管理要求	5
	捕获登记	捕获 电子文件的捕获	电子文件及其元数据捕获的功能要求	27
		捕获 元数据的捕获		12
		登记	对文件进行简要著录,并分配唯一标识符	21
	分类组织	分类管理		4
		案卷管理	案卷和类之间的关联性及在管理案卷时所遵循的要求	19
	鉴定处置	总体要求		4
		保管期限的划分和处置行为的设定	根据保管期限与处置表划分文件的保管期限,设定其处置行为、处置行为的触发条件	8
		处置行为的触发和审查		12
		移交	文件移交时所应遵循的要求	15
		销毁	文件销毁时所应遵循的要求	10
		续存	文件续存时所应遵循的要求	7
	统计管理	报表管理	统计报表的基本管理功能要求	8
		统计指标	用于统计工作的基本指标	21
		统计模板	统计模板管理的基本功能	9

续表

要求	子要求	内容	条款数
文件管理业务	存储保管 / 存储设备	ERMS对存储介质和存储设备的管理要求	7
	存储保管 / 存储格式	ERMS中对电子文件存储格式的管理要求	8
	存储保管 / 存储管理	存储管理的基本要求	8
	存储保管 / 备份恢复	ERMS支持备份与恢复管理功能的基本要求	7
	检索利用 / 检索	按照用户指定参数定位、利用和查看系统资源(包括类目、文件等实体及其元数据)	28
	检索利用 / 利用	对利用途径、利用权限的管理	8
	检索利用 / 显示		8
	检索利用 / 打印		14
安全管理	身份认定		3
	权限管理	对用户的权限与系统分类方案下电子文件等实体的访问进行安全管理	12
	审计跟踪	对ERMS重要行为的记录	12
	文件变更	对文件变更进行管理的功能要求	11
	电子签名		11
系统管理	总体管理要求	包括系统参数管理、系统管理、系统配置及用户管理的要求	5
	系统报告	采用标准报告、专题报告、统计报告、临时报告等形式监控系统的活动和状态	11

表3-14 可选功能要求

要求	内容	条款数
数字化文件的管理	当数字化设备与ERMS系统集成时的功能要求	13
多载体文件管理	RMS对于电子和非电子形式的文件、文件组合应采用基本一致的方式管理。ERMS管理多载体文件的关键,是在实体文件和相关电子文件与元数据之间建立关联。	21
离线利用	使用离线存储设备从ERMS中读取电子文件进行相关操作时的功能要求	6

续表

要求	内容	条款数
接口管理	ERMS 与多类应用系统连接时对接口进行管理的功能要求	9
工作流	ERMS 支持以工作流机制进行管理时的功能要求	20
性能要求	衡量 ERMS 能够在何种程度上满足用户需要的标志,需要考虑合理的管理措施和具体的技术环境	6

3.2.5 功能需求规范的比较

3.3.5.1 MoReq 与 ICA－Req(ISO 16175)的比较①

MoReq 与 ICA－Req 之间核心功能需求的异同如图 3－5 表示。概括来说,二者相同的方面包括 MoReq2010 与 ICAReq 都要求保证文件的真实性、完整性等本质要求,核心功能需求都有相似或重合部分;不同的方面包括 ICA－Req 则从生成、维护、传播利用到实施管理,环环相扣,而 MoReq2010 的功能服务之间没有紧密的联系,是以相互独立的"松耦合"的形式存在的,但每个功能服务仍围绕着文件的生命周期发挥着作用。

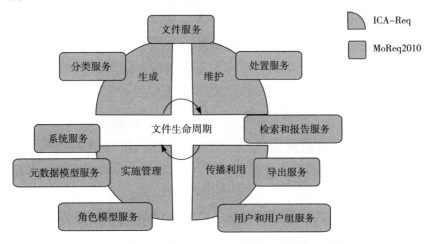

图 3-5 MoReq 与 ICA－Req 的核心功能需求对比

---

① 张晓娟、胡文佳、陈诚:《电子文件管理系统需求标准化的国际经验与启示——基于 MoReq 与 ICA－Req 的分析》,载《情报理论与实践》,2015 年第 4 期,第 57~60 页。

具体来说,ICA-Req 与 MoReq 的相同之处表现在以下两个方面:

(1)可扩展性。ICA-Req 在非功能性需求中,要求系统应具有可扩展性。MoReq2 的第 0 章允许各成员国添加不同的功能需求,MoReq2010 的服务构架更加强调了系统的可扩展性。

(2)互操作性。互操作性是系统建设的必然要求,二者均提出了要求。但 ICA-Req 将其作为非功能性需求,而 MoReq2010 则特别强调 MCRS 之间的互操作性,并规定了实体交换所使用 XML schema 格式。

而两者的不同之处则表现为:

(1)需求繁简程度。ICA-Req 更倾向于建立一个全球适用性的文件管理标准框架,并不试图在具体细节上规定太多。相反,MoReq2 却常被包括其编辑团队成员在内的档案工作从业者指责需求过于繁复冗长。①

(2)系统功能定位。ICA-Req 没有考虑到对工作流的管理,对业务活动中和结束后的电子文件的管理分别制定相应的功能要求。而 MoReq2010 则着眼于电子文件本身,MCRS 可以涵盖机构内所有电子文件的管理环节,而核心服务也可应用于档案馆的电子文件管理系统中。

(3)系统构架。ICA-Req 基于文件管理的构架,按照文献生命周期过程来制定系统功能需求。而 MoReq2010 规定的文件系统是基于服务的构架(Service-based Architecture),即在以服务为中心的理念下,选择不同的服务,组成该文件管理系统特有的功能模块组合。允许更为灵活的系统构建方式。

(4)系统可测试。在 MoReq2 中,测试和认证机制首次被引入,并专门为此设计了一套元数据模型(Metadata Model)和能跨越不同产品定义输入、输出格式的 XML schema,MoReq2010 的测试机制则更为完善。而 ICA-Req 则对此尚未作要求。

(5)市场反馈。从系统供应商来看,奥地利 Fabasoft 公司开发的 Fabasoft Folio 2009 是第一个经 MoReq2 测试验证的文件管理系统,截至

① Philipp Wilhelm,"An evaluation of MoReq2 in the context of national EDRMS standard developments in the UK and Europe",*Records Management Journal*,No.2(2009):117~134.

目前,已经明确表示将集成 MoReq2010 的开发商包括 EMC、Fabasoft、Hewlett Packard、IBM、Objective、OpenText、Oracle 等公司,未来会有更多公司加入。[①] 而基于 ICA－Req 来研发文件管理系统的软件供应商目前还没有出现。

3.2.5.2　GB/T 29194 与 ISO 16175 的比较[②]

通过对 GB/T 29194 和 ISO 16175 的起草单位、发布单位、适用范围、引用文件和关键术语等基本信息的比较可以发现:GB/T 29194 和 ISO 16175:2－2011 适用范围基本一致,即适用于机构 ERMS 的设计、审核和实施;它们都对相关术语进行了详细的界定,以便能更好地被使用者理解;它们都引用了相关标准和规范,都是集大成之作。从书写形式上看,二者都是先写功能要求概述,再以表格的形式对概述内容展开分块,进行条分缕析的罗列。不同的是,对罗列的每一项功能要求条款,GB/T 29194 给出了"必选"和"可选"两种;而 ISO 16175:2－2011 给出了三种,分别是"Must"(必须选用)、"Should"(不使用这条规则的理由有说服力时可不予考虑)和"May"(真正的可选项,可以忽略或采纳),更加的细致;GB/T 29194 与 ISO 16175:2－2011 的不同点还体现在 ISO16175 的起草者有具体实践部门,如软件经销商的参与,而 GB/T 29194 则是政府机构和高校合作的产物。GB/T 29194 可以看作一个整体,主要论述 ERMS 的通用功能要求,而 ISO 16175 三个单元即相互独立又相互联系,要了解 ERMS 的功能要求仅仅看 ISO 16175:2－2011 是不够的,还必须参考 ISO 16175:1－2010 概述与原则综述,它是 ISO 16175 纲领性部分;由于是国际标准,ISO 16175 参考的文献涉及全球具有影响力的项目,如 InterPARES 和各国国家标准,而《要求》主要引用自身体系内的标准规范,这可能是由各自的服务对象不同所决定的。

GB/T 29194 基本功能的四个模块大体对应 ISO 16175:2－2011 功能要求中的四个模块,它们之间的对应关系见图 3-6。

---

① 程妍妍:《欧盟电子文件管理需求模型 MoReq2010 的分析与启示》,载《浙江档案》,2012 年第 10 期,第 14～17 页。
② 蒋术:《〈电子文件管理系统通用功能要求〉与 ISO 16175－2:2011 的比较研究》,载《档案》,2015 年第 5 期,第 5～9 页。

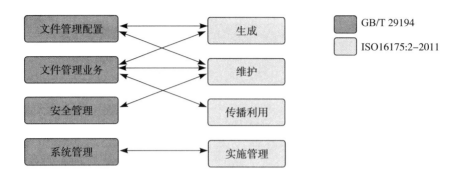

图 3-6　GB/T 29194 与 ISO 16175:2—2011 各模块对应关系

二者都规定 ERMS 应该根据机构自身实际情况建立分类方案,并赋予其唯一的识别符,均强调只有授权用户才能创建分类方案等。GB/T 29194 还规定了维护分类方案的条款,对元数据的捕获均贯穿整个电子文件生命周期,元数据在文件管理的每个环节都不断生成,像滚雪球一样越滚越多,并且都要求 ERMS 对元数据必须集中存储、管理和维护。具有独特性的是 GB/T 29194 中规定了 ERMS 应该支持管理员定义和维护不同的文件类型模板,这样就极大地简化了机构文件管理的复杂度。机构只需要提供必要的信息,如发文机关、文种、正文等,系统就可自动套用模板生成完整的文件。ISO16175:2—2011 的附录中提供了一张《审核现有电子文件管理系统是否符合规范要求的对照检查表样表》,这张表使评价 ERMS 是否符合规范具有可操作性。关于安全方面,ISO16175:2—2011 主要使用访问控制(根据用户角色划分系统功能使用权限)和划定安全级别(对系统中的机密文件划分密级),追踪文件移动(移动是指文件位置的改变)。GB/T 29194 则通过身份认证(用户名/密码、数字证书、指纹识别等),权限管理(相当于 ISO 的"访问控制"),审计跟踪(相当于 ISO"追踪文件移动")和电子签名等。值得一提的是,GB/T 29194 和 ISO16175:2—2011 都对 ERMS 管理非电子文件提出了具体要求,不同的是,《要求》把对非电子文件的管理放在了可选功能里,不强制要求,机构可以根据自身情况选用。

通过以上分析比较可以看出,GB/T 29194 和 ISO16175:2—2011 所涉及的模块范围大体相当,只是具体细节不同。它们最大的相似之处在于:

(1)均以电子文件管理元数据为主线,最大限度地保证文件的真实可靠。只有具有关键特征元数据的文件才是真实有效的文件,才能有效地保障文件的真实、可靠、可用和完整。

（2）在操作层面上特别强调通过权限控制等保证文件的真实可靠。如定义和维护分类方案、保管期限表等操作就必须获得相应的权限。

（3）最大限度地保证电子文件的真实性和完整性。系统尽量减少人的操作,如相关数据系统自动捕获,制定文件类型模板、统计模板等。不得不由人进行操作时,要用元数据记录其操作过程。

第 4 章
SOA 与电子文件管理服务组件

基于服务组件的理念来描述 ERMS 的功能需求既是软件开发技术的自然发展,又是电子文件管理的必然要求。以服务组件描述电子文件管理功能,可以保证电子文件管理的一致性,实现不同系统之间的互操作,减少 ERMS 的重复投入,提高系统开发的效率和质量。

4.1 服务组件

基于服务组件描述 ERMS 功能需求,建立在重新认识电子文件管理流程及实现技术的基础上。这些认识上的变化,有些是颠覆性的,有些则是文件管理的自然演进。无论如何,这些变化是建立在一些概念的基础上的。

4.1.1 系统开发方法的演进——更加抽象与软件复用

软件系统的开发过程需要不断地对其抽象程度进行评估,"抽象"这一概念与"建模"相类似。所谓"建模",是对某一事物的简单表示,即只表示相关的方面而忽略不重要的细节。但"抽象"还需要在简单化的同时有意识地概括归纳,从而得到比所分析问题更为广泛的解决方案,同时这种解决方案在处理更大范围中的相似问题时可以复用。

软件复用(SoftWare Reuse)经历了从代码级复用,到包括开发经验、体系结构等一切相关知识复用的过程。如果将软件看作由不同功能部分的

"组件"所组成,每一个组件可以复用,则开发一个特定系统的工作就变成了将各种不同组件组织连接起来的简单问题,这对提高系统的开发效率、系统的质量、系统的实施和维护,都有本质性的改变。①

图 4-1 表明了软件开发中复用技术的演变过程。从 20 世纪 70 年代到 20 世纪 80 年代,软件开发经历了从"机器语言",到汇编语言,再到更高层次的编译语言(称为第三代编程语言),以及第四代编程语言(高级语言)和计算机辅助软件工程(computer assisted software engineering,CASE)工具的发展过程,抽象的程度显著提高。这主要得益于用于开发软件的语言和工具的不断抽象,并使得软件开发的速度成倍增长。

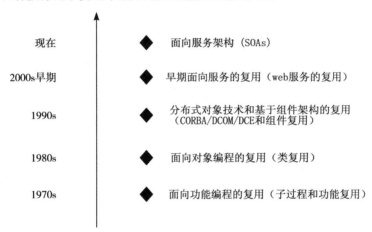

图 4-1 软件复用技术的发展

到了 20 世纪 90 年代中期,出现了一种新的软件开发方法:基于组件的软件开发方法(component based development,CBD),并将软件开发的复用模式提升到业务组件的级别。基于组件的开发方法不再是仅仅减少代码行,而是以过程为中心,强调软件开发采用组件化技术,将复杂功能的不同方面分解为相互独立的单个部分,每个部分可以相互独立地开发和管理,并以组件的方式实现。这使在实现功能时可以一次只处理一个方面,而忽略

---

① 黄玉坤:《软件复用技术及领域工程综述》,载《计算机与现代化》,2007 年第 11 期,第 43~45 页。

其他的方面。①

面向服务架构只处理所提供的服务,而不考虑其内部的构造,而且分层的架构使得组件在解决方案中更易于合成。服务标准的发展(如 WSDL,UDDI, and SOAP)和分布式计算架构的成熟(如 Java EE 和.Net),使得复用可以通过共享服务简单实现。因此,SOA 是一个分层的架构,有助于开发人员在所有架构层运用抽象技术,而不必像早期复用技术那样,需要面对各种互操作性的挑战。未来的软件开发更有可能是服务和组件的完全组装,通常称之为"真正的软件建造"。②

4.1.2 组件与服务

大多数成熟的工业都最终发展为面向构件的模式。如,汽车工业使用构件(即模件或装配件)来制造汽车,实际上,最后的生产环节通常称之为"装配"。在建筑业,情形也一样。墙面和屋顶用桁架修建,窗和门则预先做好再安装上去。即使计算机硬件厂商也依赖组件的方法,这样对电脑单个部件的更新不会对计算机的其他部件产生影响。

软件开发一直试图模仿这种方法,但直到新的工业标准的出现才使其变为可能。利用基于组件开发的方法,开始创建标准并应用于特定的案例,但这种方法并未在更大范围内被采用。直到技术和标准足够成熟之后,CBD 才成为商业领域切实可行并广泛采用的软件开发方法。软件组件是一个自包含并可独立使用的软件单元。业务组件执行业务逻辑,强化业务规则,管理企业数据。技术组件提供一个平台或架构,为业务组件提供支撑,实现消息传递、错误处理和安全管理等操作。

在系统开发时,软件组件是可复用的构件块,其所蕴含的关键概念是隐藏在接口背后的实现方法,即对组件的访问并不需要了解其内部的实施细节。基于组件的复用如图 4-2 所示。总之,组件是一个高度灵活的、提供功

---

① 左爱群、黄水松:《基于组件的软件开发方法研究》,载《计算机应用》,1998 年第 11 期,第 4~7 页。
② 郑伟、徐宝祥、徐波:《面向服务架构研究综述》,载《情报科学》,2009 年第 8 期,第 1269~1274 页。

能实现的方法。

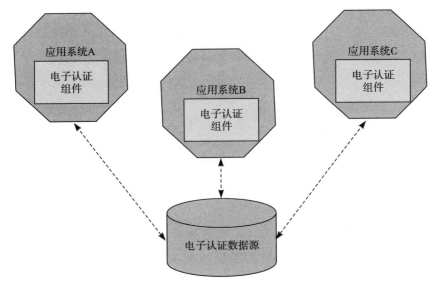

图 4-2　基于组件复用的示例

服务强调的是基于 C/S 模型对业务或技术需求的满足。服务是响应请求(或事件)所执行的操作,目的是发送某个结果。组件和服务均采用接口来定义其所提供的操作集(或服务集),然而,所有的组件均像服务那样提供功能,但并非所有的服务都像组件那样来实施。图 4-3 说明了服务和组件之间的区别,服务由业务需求驱动,而组件是提供服务的方法。如,实施服务的一种方法是在继承的功能之上添加接口即可。这种继承的系统可能相当非结构化的(不能分解为独立的组件),但接口可以提供其他应用所需要的服务。通过创建接口以访问继承系统中的服务,可能是在开始实施一个 SOA 系统时通用的方法。简而言之,服务是业务活动所需求的,而组件则是满足业务需求的具体实现;服务通常是概念层次的,而组件则涉及具体的功能实现和接口定义,服务和组件是同一事物的不同方面,如图 4-3 所示。因此,在不引起混淆的情况下,二者可以等价使用,或者以"服务组件"作为统称。

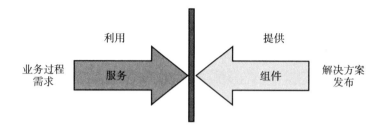

图 4-3　服务与组件的区别

尽管存在细微差别,服务和组件均能够复用。组件通常可以被重复调用或整合在多个不同的应用中,事实上,商用现货(commercial-off-the-shelf,COTS)组件通常都被注册并嵌入在应用中,通过生成组件的多个实例并构建到应用中,从而实现复用。服务也可以采用这种方式实现复用,但也可以采用共享服务的方式,即服务的一个实例可以被其他的应用通过网络利用,如图 4-4 所示。

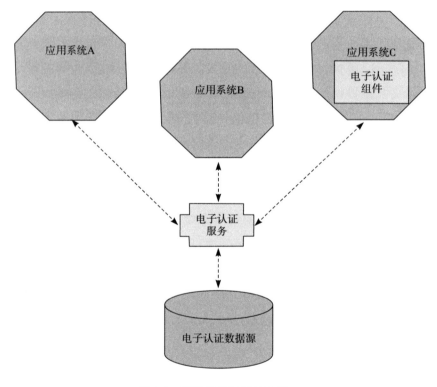

图 4-4　基于服务复用的示例

另外一个重要的概念是服务发现,即找到(可以设计时人工查找,也可以运行时自动查找)并利用现有服务的能力。许多现有的技术可以做到这点,但跨机构的服务标识和分类的一致性策略是至关重要的。在电子文件管理方面,则需要国家的宏观战略对文件管理服务的策略进行指导和监控,保证服务组件的标准化,从而充分发挥服务组件在系统开发中的优越性。

4.2 面向服务架构(SOA)

4.2.1 SOA 的概念

面向服务的架构(Service-Oriented Architecture,SOA)是一种建立、维护、管理 IT 系统和业务流程的方法。在 SOA 架构下,以服务或组件形式出现的业务逻辑可以被共享、重用和配置,如此一来,应用集成变得轻而易举。

Gartner 公司最早提出 SOA 的思想,并预计其将成为占有绝对优势的软件工程实践方法。Gartner 公司为 SOA 描述的远景目标是:让 IT 变得更有弹性,以更快地响应业务单位的需求,实现实时企业(Real-Time Enterprise)。[①] SOA 是一个组件模型,它将应用程序的不同功能单元(称为服务)通过这些服务之间定义良好的接口和契约联系起来,从而使构建在各种这样的系统中的服务可以以一种统一和通用的方式进行交互。采用 SOA 来构建信息平台,在业务方面和 IT 方面带来许多优势。

SOA 不仅仅只是一种技术架构,更多的是一种架构风格,更加体现了业务和流程驱动 IT 的思想,体现了 IT 系统组件化和服务化的构建思想,体现了由于服务本身可以重用,可以通过服务的组合和编排来满足业务的实现。也就是说,IT 系统的开发不必像过去那样将其作为一个完整的应用系统来开发,而是分解为离散的、自治的服务组件,通过提升相互之间的互操作性,实现共享、重用和组装,快速构建复合的应用,从而满足变化的业务需

---

① 申德荣、于戈等:《应用于 Web 服务合成的一种有效的 Web 服务发现策略》,载《小型微型计算机系统》,2005 年第 10 期,第 1803~1806 页。

求和复杂的功能需求。如果说一个应用系统基于 SOA 架构,则首先该应用系统至少有明确的业务组件和服务组件定义,而且组件之间满足高内聚、松耦合的要求;其次对于组件间的交互都通过服务的方式进行,或者至少预留了服务接口;再次这些服务可以灵活地重用或组合。

可以用传统的活字印刷术作为对比来理解面向服务架构的理念。在活字印刷中,用于排版印刷的单个汉字可以看作最基础的原子服务(不能再分解的、功能最单一的服务组件),用这些活字(原子服务)可以很容易地排版整篇文章。若文章的内容有改动,只需调整这些原子服务的顺序。在排版时,若全是单个汉字,则排版的工作量还是相当大,所以为了减少工作量,可以把常用词组或常用短句组合在一起,这些即是组合服务。使用组合服务,可以提高排版速度,但词组或短语的可复用程度却降低了。所以组合服务或流程服务会使复用变得困难,但是若能复用,则效率会有很大提升。

4.2.2 SOA 的构成

SOA 的基本体系架构由以下四部分组成,其基本架构如图 4-5 所示。

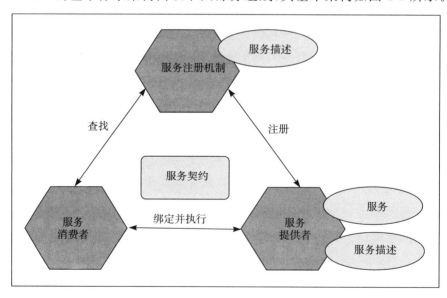

图 4-5 面向服务架构中的构成

(1)服务提供者(Service Provider)

服务提供者是一个可通过网络寻址的实体,将自己的服务和接口契约发布到服务注册中心,服务消费者可以发现和访问该服务。它主要实现以下功能:

- 定义可提供的服务功能。
- 设计并实现这些功能。
- 描述并发布这些服务。

(2)服务注册机制(Service Register)

服务注册机制是一个包含可用服务的网络和可寻址的目录,供服务消费者定位服务之用。服务注册机制需要一个服务存储库,存储所有可用的服务,并允许服务请求者查找服务。服务注册机制主要实现以下功能:

- 增加、删除或修改已发布服务提供的服务数据。
- 按用户的请求从注册表中查询服务数据。

(3)服务消费者(Service Consumer)

服务消费者可以是一个应用程序、一个软件模块或另一个服务,它从注册机制中定位所需服务,并通过传输机制来绑定该服务,然后通过传递契约规定格式的请求来执行服务功能。

(4)服务契约(Service Contract)

服务契约是服务消费者和服务提供者间交互方式的规范,指明了服务请求和响应的格式。

4.2.3 SOA 的操作

从图 4-5 可以看出,SOA 包括三种主要的操作:

(1)查找服务(Find)。

服务消费者依据服务契约来查找和定位服务,查找服务的操作由用户或者其他的服务发起。

(2)注册服务(Register)。

服务提供者将服务的信息发布到服务注册机制中,服务的信息包括与该服务交互必要的所有内容,如网络位置、传输协议和消息格式等。

(3)绑定并执行服务(Bind and Execute)。

一旦服务请求发现合适的服务,它将根据服务描述中的信息在运行时直接激活服务。

4.3 电子文件管理服务组件

4.3.1 概念

电子文件管理服务组件是基于服务的思想,重构电子文件的管理流程,将电子文件整个生命周期内的管理功能分解为若干独立的服务,并以服务组件的方式加以描述和定义,为 ERMS 开发与实施提供复用。

电子文件在其生命周期内与业务活动相关性程度不同,所发挥的价值不同,各项管理功能的承担主体也不同,管理功能的实现也存在很大差异。在业务活动开展期间,电子文件在业务系统中,由业务人员承担管理职责。业务活动结束后,电子文件转移到机构的 ERMS 中,由机构的档案管理人员对其进行管理。达到一定期限后,这些电子文件则会根据相关的档案管理规定,移交至档案馆集中保管,并向全社会提供利用。对电子文件进行管理的系统包括机构的业务系统、ERMS 和档案馆 ERMS,在每个系统中都必须强调和重视电子文件元数据的收集与管理。因此,在这三个系统的设计开发时,必须针对电子文件管理的要求,统筹考虑,整体规划。任何将这三个系统割裂开来的做法,都会使电子文件的真实性和完整性面临风险。但这三个系统的需求主体不同,开发主体也会不同,系统的功能要求也存在差异,无法将它们纳入统一的框架中。而电子文件管理服务组件,着眼于电子文件整个生命周期内的管理功能要求,忽略其所处的具体的管理系统的形态,为实现电子文件在其整个生命周期内的统一管理,提供了全新的思路。

电子文件管理服务组件不再从单个独立的、具体的管理系统的功能要求入手,而是仅着眼于电子文件本身的管理功能要求,重构电子文件的管理流程,将电子文件整个生命周期内的管理功能分解为单个独立的服务,以服务组件的方式进行描述,每个服务组件实现一个较小力度的管理功能。这种较小力度的电子文件管理功能,称为电子文件管理功能块。一个电子文件管理服务组件实现一个电子文件管理功能块,若干电子文件管理服务组件的组合,可以实现电子文件管理功能要求的某个方面,所有电子文件管理服务组件则涵盖了电子文件整个生命周期内的所有的管理功能要求。电子文件管理服务组件通过封装内部的功能实现,提供定义完备的服务接口,为所有的系统所复用。也就是说,一个系统要实现电子文件管理的功能,只需要复用一个或若干个电子文件管理服务组件的组合就可以了。

4.3.2 意义

4.3.2.1 更易于实现电子文件的全程管理

全程管理是电子文件自身特点的客观要求,在《电子文件归档与管理规范》的总则中就明确规定:"应对电子文件的形成、收集、积累、鉴定、归档等实行全过程管理与监控,保证管理工作的连续性。"由于电子文件管理的每个阶段和每个环节,都必须加强对电子文件元数据的收集和管理,保证电子文件内容信息、背景信息和结构信息的齐全完整。一旦脱离所处的软硬件环境,电子文件的元数据可能再也无法获得。全程管理就是对电子文件从产生到永久保存或销毁的整个生命周期进行统一管理。

目前对电子文件管理的方式,却使电子文件的全程管理难以实现,或者说,要实现电子文件的全程管理需要付出较多的成本和代价。因为目前对电子文件管理是分阶段的,在不同的阶段,使用不同的管理系统对电子文件进行管理。在现行期,电子文件通过机构的业务系统来进行管理,而业务活动结束后,电子文件则移交到机构的 ERMS 中进行管理。尽管大多数的机构都将电子文件管理系统整合到业务系统中,但与业务活动中的文件管理,仍然分属不同的功能模块。而电子文件被移交到档案馆之后,对其管理的系统又是一个全新的系统。由于机构业务系统、机构 ERMS 和档案馆 ERMS 在开发与实施时,需求主体不同,开发主体也会不同,系统的功能要求也存在差异,无法将它们纳入统一的框架中。要想在不同的系统中实现电子文件的全程管理,必然要求在开发这些系统时相互兼顾,不同系统的功能实现会相互影响,使系统开发与实施的难度变大,成本变高,效率变低,最终会影响电子文件的全程管理。

而电子文件管理服务组件,着眼于电子文件整个生命周期内的管理功能要求,忽略其所处的具体的管理系统的形态,为实现电子文件在其整个生命周期内的统一管理,提供了全新的思路。电子文件管理服务组件将电子文件管理活动作为一个整体,通过流程重构,对电子文件的各项管理功能进行划分。在对电子文件管理功能进行划分时,不必考虑整个系统的架构和实现方式,只考虑各个子功能的内聚和相互之间的耦合,以及各个子功能的相互关系及其与整体功能的隶属关系。采用这种方式对电子文件管理功能进行分解,并以服务组件实现这些子功能,自然能够保证电子文件的全程管理。而通过复用的方法所开发的系统,即使只覆盖电子文件生命周期的某个阶段,但同样可以保证不同阶段的系统之间能够实现无缝链接,从而实现电子文件生命周期内的全程管理。

4.3.2.2 真正做到电子文件管理的前端控制

要实现电子文件的科学管理,必须保证对文件的标识、分类、索引、存储和利用的方法与步骤能够在电子文件生命周期内得到有效的应用。一般而言,这些方法与步骤的应用宜早不宜迟,即尽可能做到电子文件的前端控制。

前端控制是现代文件、档案管理的重要理念,依据文件生命周期理论,"文件的形成是前端,处理、鉴定、整理、编目等具体管理活动是中端,永久保存或销毁是末端"。[①] 前端控制则是指在文件的形成阶段就要开展相关管理活动,把需要和可能在文件形成阶段实现或部分实现的管理功能尽量在文件形成阶段实现。随着信息技术的发展,电子文件的形成及各项管理功能均在业务系统和电子文件管理系统中完成,"因此,电子文件管理过程的前端就延伸到了业务系统和电子文件管理系统的设计阶段,前端控制的形式也部分转移到了业务系统和电子文件管理系统的功能设计之中"。[②]

现有的解决方案,如常见的电子文件管理应用系统,尽管在系统的设计开发阶段就强调电子文件管理功能的实现,但由于软件开发人员不了解电

---

① 冯惠玲、刘越男等:《电子文件管理教程》(第二版),北京:中国人民大学出版社,2017年,第53页。
② 冯惠玲、刘越男等:《电子文件管理教程》(第二版),北京:中国人民大学出版社,2017年,第54页。

子文件管理的特点和规律,电子文件管理的功能与实现对他们而言是一个陌生的领域,而在系统需求分析时,文件管理人员又难以恰当地表达电子文件的管理要求,使电子文件前端控制的效果大打折扣。此外,电子文件在机构的业务信息系统中生成和流转,大量能够保证电子文件真实性的背景信息和来源信息均在该系统中生成,需要和电子文件同时固化并保存。然而,业务信息系统的目的是为机构和用户之间开展业务提供便利,尽管包含文件管理的功能,但主要以支持业务活动为目标,注重业务流程、版本控制等,对文件信息固化后的管理不是它的关注重点。[1] 要实现业务信息系统和电子文件管理系统的无缝对接,又存在许多困难,如文件格式标准、互操作等。[2] 将电子文件管理系统作为独立完整的软件系统进行设计开发,依然是后置的,无法真正做到前端控制。因此,现有的ERMS看上去似乎能够从业务活动的开端实施,但对电子文件的管理却是在业务活动结束之后才开始实施,这时电子文件已经脱离产生它的业务活动和应用系统,使电子文件管理面临极大的风险。

电子文件管理服务组件可以在电子文件创建的一开始就捕获其背景信息,并在电子文件整个生命周期内保持这些背景信息,必要时加以更新,同时添加管理属性信息,并提供管理服务。同时电子文件管理服务组件本身可以低成本、高质量地开发、实施、重用和改进,从而能够让供应商和开发商将文件管理服务组件整合到其产品和服务中,过去在事务活动之后进行的文件管理可以扩展到事务活动之前,即真正实现文件管理的前端控制,从而确保不同事务活动中形成的电子文件具有相同的标准,并使电子文件在其整个生命周期内得到充分有效地管理。

4.3.2.3 保证不同系统之间互操作性

电子文件形成于各种不同的机构和业务活动中,在信息化过程中,不同的机构所使用的业务系统存在很大差异,电子文件管理的互操作性很难保

---

[1] 钱毅:《电子文件管理系统功能需求规范定位研究》,载《北京档案》,2011年第4期,第24~26页。

[2] 李希明、土丽艳、金科:《从信息孤岛的形成谈数字资源整合的作用》,载《图书馆论坛》,2003年第6期,第121~122页。

证。即使业务活动相同,由于不同机构在开发或购买业务系统和电子文件管理系统时,均各自为政,并没有重视不同系统之间的互操作性。即使是同一机构,若电子文件管理系统与业务系统的开发不同步,很难保证做到电子文件管理系统与业务系统的无缝链接。

仅就电子文件管理系统而言,各种不同形态的系统种类繁多,有机构根据自身业务特点和管理要求委托开发的适合自身需求的电子文件管理系统,也有软件企业开发的通用电子文件管理系统。不同的电子文件管理系统之间,存在严重的异构问题,如文件格式不兼容、数据结构不统一、元数据标准不一致,等等,由于缺乏互操作性,最终形成电子文件信息孤岛[①],制约了电子文件的统一管理、资源整合和信息共享。

要实现电子文件的统一管理、资源整合和信息共享,必须保证不同系统之间的互操作性,但是若将电子文件管理系统作为单个独立的应用系统,则不仅需要规定内容翔实的功能需求规范,还需要政府部门采取强有力的监控措施;不仅需要机构内部各个部门的合作,还需要跨机构的合作。可想而知,其可操作性很低,而管理成本却很高,效果也会很差。

电子文件管理服务组件可以促进机构内部各部门和跨机构的合作,实现不同系统之间的互操作性。首先,电子文件管理服务组件采用组件技术,将电子文件的管理功能封装,其内部功能实现与形成电子文件的业务活动无关,通过服务接口,被各种不同的应用系统调用。这样不同系统中的相同电子文件管理功能,均采用相同的服务组件,从而实现不同应用系统的互操作性。其次,相关的电子文件标准仅需要对服务组件的内部实现和服务接口作出规定,对各种不同应用系统中电子文件管理功能的评价,也只需要评价相应服务组件即可,使电子文件管理标准的制定与执行和电子文件管理的监控更简单、效率更高。

4.3.2.4 为电子文件的法律凭证性提供技术支撑

电子文件法律凭证性的基础是其真实性和完整性,而元数据管理是电

---

① 朱立涛、李阳、刘洪:《论电子文件管理软件的市场准入》,载《兰台世界》,2013年第4期,第7~8页。

子文件真实、完整的重要保证措施。如,结构元数据可以反映电子文件的数据结构、软硬件环境等技术信息,能够保证电子文件的可读性;背景元数据可以反映形成电子文件的业务活动信息,能够确保电子文件与业务活动相关联;而管理元数据则可以表明电子文件从生成、传递、存贮整个过程的管理状态,以确保对电子文件构成一个可靠的保管锁链。① 在电子文件管理实践中,大部分电子文件元数据都是系统自动捕获的,因此 ERMS 成为保证电子文件真实、完整的关键,并最终决定了电子文件的法律凭证性。

电子文件的法律凭证性固然离不开必要的法律法规和管理措施,但电子文件元数据捕获、维护和管理的技术手段同样必不可少。使用电子文件管理服务组件构建的电子文件管理系统可以实现电子文件元数据捕获、维护和管理的功能,通过建立统一的电子文件管理服务组件库,采用必要的注册登记机制,从源头对电子文件管理服务组件的功能设计进行审核评估,确保基于电子文件管理服务组件构建的 ERMS 可以实现对电子文件元数据的充分收集、完善维护和科学管理,并保证电子文件的真实、完整。因此,电子文件管理服务组件能够为电子文件的法律凭证性提供技术支撑。

4.3.2.5 更加高效率、低成本地构建电子文件管理系统

基于服务架构的特点和优势之一就是服务组件的复用性,将电子文件生命周期内的各项管理功能用服务组件加以描述并封装,可以在各种不同的 ERMS 中复用。ERMS 的设计和开发不再像过去那样,从系统分析到系统实施逐个步骤进行,而是选择电子文件管理服务组件加以组装即可。服务组件可以一次设计,多次使用。这样一来,ERMS 的设计和开发的效率更高,成本则会更低。

4.3.3 挑战

要将电子文件生命周期内的管理功能进行分解,用服务组件的方式进行描述,并为不同机构和不同应用系统提供复用,面临诸多挑战。

---

① 王绍侠:《电子文件产生证据效力的困难及其对管理的启示》,载《档案学研究》,2003年第3期,第54~58页。

4.3.3.1 缺乏国家层面的面向服务架构的处理模型和目标模型

面向服务架构的显著特性是能够在不同处理和不同机构之间实现复用,电子文件管理功能若以能够复用的服务组件来实现,则这些服务组件必须依赖于一个服务可发现的、可靠的、可维护的,并且能够监控的环境,也就是说需要一个支持服务组件开发和实施的支撑环境,而且这一环境还要能够支持服务组件在不同等级的复用。因此在国家电子文件管理战略中实现电子文件管理服务组件的构建、管理和实施,构建面向服务架构的电子文件管理服务组件处理模型和目标模型。如果电子文件管理服务组件的构建与管理还是采用自下而上的方式,由机构和软件开发商单兵作战、个别开发,没有统一的标准和发展战略,则不仅不能充分发挥面向服务架构的优势,而且反而会使 ERMS 的设计与开发陷入更加混乱的境地。只有制定电子文件管理服务组件的统一模型,完善电子文件服务组件的登记注册机制,制定合理的电子文件管理服务组件供给与消费机制,才能真正发挥电子文件管理服务组件的优势,将我国 ERMS 的建设带入良性发展之路。

4.3.3.2 缺乏机构层面的对实施面向服务架构的理解和经验

尽管面向服务架构的理论研究已经相当成熟,但在机构中的应用却并不多见,基本上没有把面向服务架构的理论和方法应用到电子文件管理系统的开发和设计中。无论是电子文件管理者还是电子文件管理系统的供应商和开发商对面向服务架构都知之甚少,自然无法在电子文件管理中应用面向服务架构,目前既没有可用于复用的电子文件管理服务组件,又没有基于服务组件技术开发的 ERMS。因此,必须采用必要的培训和监控措施,帮助机构能够明悉在机构内部和跨机构之间采用服务组件来实现电子文件管理的优势和便利之处。

4.3.3.3 缺乏用服务组件代替本地服务的步骤和指南

首先,若将实现某一具体电子文件管理功能的 ERMS 提升到可用整个机构范围或跨机构复用的服务,所带来的开发成本如何处理。一般情况下,开发一个可以被两个或更多实体使用的服务组件,需要相应的步骤和(或)相应的补偿。可被不同实体或机构复用的服务组件,其开发步骤和开发成本与传统的系统开发是完全不同的。与此相关的问题是,当服务的性能提高时(如,仅支持每秒 100 个事务的服务现在需要提高到支持每秒 10000 个事务),服务的原始开发者对服务质量的保证,以及服务功能职责的确定(谁来承担服务的关键业务规则在实施中的改变)。其次,需要考虑一个独立的基于 SOA 系统实施之后和处于开发中的实际现状。如果服务组件不能百分之百地满足需求,这些系统还必须采用现有的服务组件吗?

4.3.3.4 缺乏服务组件管理,特别是实施后跨机构的服务管理

这与服务的管理相关,包括服务质量(QoS)标准、服务等级协议(Service Level Agreements,SLAs)。这一挑战可以和网络类比。网络通过在控制室里显示网络状态的屏幕来进行监控,一旦网络发生故障,维修人员能够迅速作出响应,大多数情况下,问题都能在扩大之前解决。服务组件也类似,当机构内部或机构之间实施服务组件时,也需要监控每个服务的性能和服务之间的交互,使业务能够顺利开展。

4.3.4 要求

电子管理功能服务组件是实现电子文件管理的新思路,特别是以服务组件来开发和实施 ERMS 是一个全新的领域,需要国家和档案主管部门尽快制定相应的政策和标准,但更主要的还是需要机构充分认识服务组件在包含文件管理的整个业务系统架构中的重要作用,并采取必要的改进措施,以充分发挥服务组件在电子文件管理中的作用。

4.3.4.1 战略改进

电子文件管理功能服务组件的主要目的是为机构内部各个业务过程中的文件管理功能提供复用,并且复用可以扩展到不同机构之间。要实现服务组件复用的目的,需要机构在宏观战略上作出一些调整。

首先,也是最重要的,机构需要在复用背景下重新考虑电子文件管理流程的重构。新的架构必须是可操作、可发现和可利用的,从而提高效率,降低成本,并杜绝重复开发。相对于有效的架构、解决方案和产品,复用是最重要的策略。要建立并运用这一策略,机构需要下列变化:

- 重新设计电子文件管理流程,使其可以基于服务实现。
- 在组织内部和外部均可允许复用。

- 实现跨机构的合作。
- 消除导致故步自封的因素,建立对复用的激励文化。
- 在开发和部署应用时,尽可能减少个性化编码,力争达到真正的组装。
- 创建并调整架构方式,提供最佳的服务组件。

这一战略需要机构平衡自顶向下(策略)和自底向上(技术)这两种方法,这两种方法融合在具备可复用组件、服务和信息技术的业务和处理需求中。机构应当明确服务组件是如何创建的,最终如何被发现并利用,以及为支持组件的使用需要何种服务等级的协议。还需要记住的重要一点是,SOA不是由特定的供应商或软硬件产品制造出来的。可复用策略包含标准和互操作性,而且服务的松耦合概念提高了软件系统的灵活性。

4.3.4.2 策略与业务处理改进

要支持各种复用策略,机构在设计与开发或购买ERMS时需要改进其传统的投资、建构和系统开发过程。这些过程包括以下五方面。

①获取和采购流程。要做到电子文件管理服务组件可复用,应当促进获取与采购流程在以下几个方面作出改进。

首先,要建立激励程序以鼓励供应商或合同方开发可复用的电子文件管理服务组件。在ERMS的设计和开发过程中,服务组件提供了一个机制可以充分利用现有的互利双赢的激励程序,但这些程序还可以通过修改使之更明确。更进一步地,应当表明不同供应商在生产和使用电子文件管理服务组件中加强合作,则会互利双赢,甚至是多方共赢。

其次,RFI[①]、RFP[②]或者RFQ[③]应当改进以满足复用(如,把复用理念整合到需求调查和决策准则中)。在决策准则中可以加入以下问题:

---

① RFI(Request For Information),信息邀请书。用来取得产品、服务或供应商一般资讯的请求文件。
② RFP(Request For Proposal),需求建议书。是客户向服务商发出的用来说明如何满足其已识别需求的建议书,是客户与服务商建立正式联系的第一份书面文件,又称招标书。
③ RFQ(Request For Quotation),报价请求。

- 供应商或合同方的技术方法是否满足可复用性？
- 本项目的需求是否支持其他的机构？
- 如果产品中有新的服务组件，是否可以在组件库中注册？

再次，应当采取激励机制鼓励机构电子文件管理部门通过获取服务组件来提高利用。同时还需要评估现有的采购指南，当服务组件已经开发并注册为可复用服务组件时，以平衡供应商或承包商的利益冲突。

②资本规划和投资控制。传统的资本规划和投资控制过程需要机构对投资进行选择、控制和评价。在复用这一战略背景下，这些过程仍然有效，但需要发现和服务等级协议（SLA）等管理功能的补充。如，在选择和控制过程之前，机构需要发现机构内部和外部有哪些服务和组件是可用的。这就需要改变投资过程，以便投资管理者能够更好地评估所需服务或组件的可应用性。而且还会带来一系列关键的新问题：这些服务能在自己的业务处理中使用吗？监控其使用和可靠性的服务等级协议是什么？和自己开发相比，使用组件到底有什么好处？控制和评估过程需要对这些服务等级协议进行评价，以确保能够满足业务需求，并当业务增加或扩展后，可以实现规模化扩展。

③解决方案开发的生命周期（Solution Development Life Cycle，SDLC）。传统的SDLC是对系统开发的整个生命周期进行管理和监控，开始于系统需求，直到系统被淘汰或更换为止。这一生命周期通常局限于某一特定机构内部，不会扩展到外部。未来的SDLC将会包含与业务需求相关的服务或组件的发现过程。这一步骤大多发生在设计和开发活动之前，使得开发人员能够将服务组件整合到系统设计中，而不是系统实施后再添加到系统中去。当建立或规划复用组件或服务时，需要服务组件的生命周期能够允许机构有效地规划复用，建立可复用的资产，将组件或服务发布到本地或更大范围的注册处，并与确定的SLA和消费模式相关联进行管理。为避免影响处理和系统的相关性，服务需要强有力的处理以监管持续不断的维护和变更管理。为了出于修改和修复目的而汇集需求和观点，追踪服务的使用者尤为重要。

④监管。服务和组件的创建、发现和使用需要新的策略和过程，以促进

和确保符合复用、服务等级协议、安全和互操作标准。机构应当提出过程和标准的建议,借此以适应业务的瞬息万变。设计必须强调互操作性、标准符合性和审查处理。结合资本规划和投资控制,机构需要在系统开发之前就必须确定组件和服务是否已经存在。同时需要建立业务处理注册机制,监管步骤,将指导组件和服务的提交和使用。

⑤IT任务分配。传统的IT任务分配是以系统为中心的,一般将系统开发、系统重设计和系统维护任务委托给合同方。这是在垂直的、相互隔绝的烟囱管(stove-pipe)架构中必然的做法,在目前的系统开发中随处可见。而要实现基于服务组件的架构,机构必须将IT任务分配从以系统为中心转变为以组件为中心的模型,还应当组建团队负责为多个应用提供服务组件。这种基于组件的任务分配模型需要机构认识到将传统任务分配分解为两种类型所具有的价值。所谓两种类型,就是组建两个团队,一个是"组件服务提供者团队",一个"应用组装团队"。前者致力于将数据和现有系统整合成组件,为后者提供所需要的所有服务,并实现业务处理自动化。

4.3.5 措施

第一是处理流程与策略,保证可复用服务组件的积累、共享和复用。所有系统或解决方案的开发过程,通常称为"系统开发生命周期"(System Development Life Cycle,SDLC),ERMS的设计和开发也不例外。该过程的完备文档记录用于监控ERMS是如何创建和修改的。无论存于机构的SDLC的形式是什么样的,采用哪种软件开发方法(瀑布模型、统一软件开发过程、敏捷开发、极限开发或其他),系统的每个阶段都可以使用复用技术。在可行性分析阶段,整个系统需要与现有的方案比较,以确定哪些服务组件可以复用。在设计阶段,所有新开发的服务组件需要评估,以确保其是可复用的。在实施阶段,任何对复用的服务组件所作的更改都必须使其更易于复用。在维护阶段,需要对所复用的服务组件进行评估,以确保这些服务组件的更新版本已公布,并采取措施以适应这些更新。在所有阶段中,决策者都应该质疑开发新系统和处理的决定。尽管新系统和处理总是需要开发的,而且这样的决定通常都理由充足,但事实上所有系统都会包含已经开发过的组成部分。同时,使用服务组件追踪和支持其他机构的处理应当随时可用。

第二是设计,即在系统设计时就着眼于其能够被复用。研究表明,服务组件开发过程中,要使其易于复用,会使成本增加50%,研究也表明,成功的复用可以使开发成本降低25%～30%。考虑到经济因素,即使服务组件只复用若干次,其回报也是值得的。要实现更大规模的复用,其设计有五个基本原则:

- 对功能性的概括有助于更广泛的应用。
- 创建定义完备的接口。
- 松耦合。
- 确保功能性记录完备。
- 使用与平台无关的技术(如果是开发一个系统)。

对一个复用的系统或处理而言,定义完备的接口是至关重要的。所有系统和处理均含有各种"实体"和"退出"点,定义完备的接口则将这些实体和退出点作为一个整体封装,易于第三方理解和访问。这需要确保用于访问功能性的数据和步骤被记录,以执行操作可访问的机制。

与此密切相关的是,如果系统或处理被充分记录,则用户只需要复用该系统或处理即可,不必知道其内部机制。基于服务组件的架构要求所有的服务组件均需要对服务组件所提供的功能、如何实现功能的基本概述(处理流图、算法等),以及开放的所有细节(如源代码),进行完善的描述,并可以通过互联网公开获取,保持版本控制,同时易于在发布服务组件时所处的系统中访问。

如果服务组件是一个IT系统,则其接口应当打包并可通过多个技术架构访问。如今,新的技术架构层出不穷,而且会在很长一段时间内并存,但最关键的发展是各种技术之间的交叉融合,特别是web服务,使得功能可以很容易地公布和利用。诸如远程服务调用(Remote Procedure Call,RPC)和公共对象请求代理体系结构(Common Object Request Broker Architecture,CORBA)等技术已出现多年,web服务也可应用于所有计算平台,再加上各种实用工具,跨结构复用已经从概念变为现实。同时,服务组件的设计还应该易于对其行为的重新配置以适应特定的使用者。对 IT 系统来说,这通常必须使用参数,并允许参数可以根据使用者的不同而方便地更改(如,通过 API 调用)。

第三是工具,包括注册、组件库等,用于发现和追踪可复用的服务组件。要复用某样事物,使用者必须知其所在。注册是建立数据库允许使用者查找已知的服务组件并评估其提供的功能。组件库是替代的工具,通过存储服务组件本身的拷贝,提供注册的检索能力。由于服务组件的形式多种多样,很难设计一个存储库存储各种不同的服务组件,因此对大多数工业复用来说,注册是一个最佳的实践。如,美国的 Core.gov 是联邦服务组件注册处,所有基于服务组件架构的服务组件均可在此注册。另外,需要对电子文件管理功能进行分解,并建立服务参考模型。通过建立电子文件管理服务模型,为服务组件的设计和开发提供依据,并为不同机构在设计和开发 ERMS 时提供利用。如,美国 FEA 中的服务参考模型。

第四是基础架构,能够实现服务组件的共享。本质上,基于服务组件架构是一个"松耦合"服务组件的集合,共同实现业务目标。"松耦合"意味着服务组件可以单个地被修改,而不会影响其提供给其他服务组件的服务功能。这一关键特性是实现灵活业务处理的核心,因为不仅可以复用,而且在不中断的情况下不断改进。服务组件之间的信息交换主要通过异步消息来传递。异步消息传递是一个成熟的、可大规模实施的技术,在几乎所有技术平台上均可实现。不同于传统的面向消息中间件(Message Orient Middleware-MOM),基于服务组件架构使用的是企业服务总线(Enterprise Service Bus-ESB)。一个 ESB 类似于 MOM 代理,承担在服务之间消息解释、路由和发送等附加职责,从而将这些功能置于服务组件之外,进一步促进了服务组件的松耦合。①

第五是文化,即鼓励和激励复用技术的使用,这也是实现成功复用的最重要的方面。过程、工具和设计为复用创建的基础环境,然而,任何复用要

① 邵军辉、朱小梅:《基于企业服务总线的电子政务信息系统集成研究》,载《图书馆学研究》,2012 年第 19 期,第 68~73 页。

想成功,机构的文化必须转变成这样一种文化,即每个人在解决问题时首先想到的是复用。除了建立基本的处理和工具之外,复用文化有两个主要需求,一是高层领导支持,二是激励机制。机构的高层领导应当肯定员工所作出的功能复用,或是在解决问题时优先考虑复用,对于发布服务组件或高频率使用复用以加快这种文化转变的员工和做法应当给予奖励,特别是有必要建立合适的激励机制。

第5章
基于服务组件的电子文件管理功能需求范例研究

5.1 美国的文件管理服务组件

美国的文件管理服务组件(Records Management Service Component,RMSC)将电子文件管理的各项功能需求以组件的方式进行描述和封装,无论是 BS,还是 ERMS,均可以直接使用这些组件,从而有效地解决了不同系统之间的异构和互操作问题,并真正实现电子文件的前端控制。因此在面向服务的政府架构中,通过服务组件来满足电子文件管理需求是未来的发展方向。

美国在实施电子政务建设过程中,长期面临信息孤岛、投资重复、效益不高等问题的困扰。为解决这些问题,2002 年,美国预算管理办公室(Office of Management and Budget,OMB)提出了"联邦政府组织架构"(Federal Enterprise Architecture,FEA),将整个联邦政府所有机构中错综复杂的关系当作一个大型的组织系统,根据信息化和电子政务的基本规律,系统规划全新的联邦政府行政管理体系。对联邦政府的 IT 投资来说,FEA既是一个设计框架,又是一种决策工具。

文件管理是实施电子政务的重要基础之一,电子文件管理也是所有政府机构的通用需求。文件管理服务是服务参考模型中数字资产管理服务域中的一个服务类型,可以满足机构有效管理在各项业务活动中产生的电子文件。因此,OMB在开展电子政务建设之初所确定的24个总统优先项目时①,就将电子文件管理优先项目(Electronic Records Management Initiative)列为其中之一。② 电子文件管理优先项目为整个政府机构的电子文件管理提供指南,包括以下几个方面:

(1)由美国环保署牵头的电子文件管理项目,为政府机构规划和实施ERMS提供范例。

(2)由美国国防部牵头的电子信息管理标准项目,促进DoD 5015.2标准在整个联邦政府机构电子文件管理中的应用。

(3)由NARA牵头永久电子文件移交项目和文件管理服务项目。

电子文件管理服务项目的主要目的就是要确定电子文件管理中的各项功能如何通过服务组件来实现,即标识、存档和规范能被服务组件支持的核心文件管理需求,并确定其优先顺序,同时与FEA参考模型、纲要和组件注册计划相配合,为所有生成或管理电子文件的机构提供互操作的文件管理功能。文件管理服务组件使投资商和开发商可以在业务处理中扩展文件管理,不论产生电子文件的业务过程是否相似,都可以将文件管理整合到其产品和服务中去,同时为电子文件保管提供适当的方法。这样过去在事务活动之后进行的文件管理可以扩展到事务活动之前,从而确保不同业务活动中形成的电子文件具有相同的标准,并使电子文件在其整个生命周期内得到充分有效地管理。

5.1.1 FEA及其发展历程

20世纪80年代末,随着企业架构(Enterprise Architecture,EA)理论

---

① Office of Management and Budget,"E-Government Strategy",accessed May 12,2014, https://www.whitehouse.gov/sites/default/files/omb/assets/omb/inforeg/egovstrategy.pdf.

② National Archives and Records Administration,"Electronic Records Management Initiative",accessed May 12, 2014, http://www.archives.gov/records-mgmt/initiatives/erm-overview.html.

在企业信息化方面的应用,美国政府发现在联邦政府机构内引入 EA 理论和方法可以用于减少重复投资、促进跨机构协作。FEA 正是企业架构理论在政府部门的成功应用。

随着美国电子政务战略和《总统管理议程》中的 24 个总统优先项目的实施,迫切需要科学管理联邦政府的 IT 投资,实现政府信息资源共享。因此,OMB 按照《克林格－科恩法案》的要求并根据 FEAF 的基本精神,于 2002 年启动了 FEA 项目,并为此成立了 FEA 项目管理办公室(FEA－PMO)。自 2002 年开始,FEA－PMO 相继发布五大参考模型,分别从绩效、业务、服务、数据、技术五个角度描述了政府的未来架构。

FEA 参考模型描述了政府架构的具体内容,其五个参考模型分别为绩效参考模型(Performance Reference Model,PRM)、业务参考模型(Busyness Reference Model,BRM)、服务组件参考模型(Service Reference Model,SRM)、数据参考模型(Data Reference Model,DRM)、技术参考模型(Technical Reference Model,TRM),如图 5-1 所示。

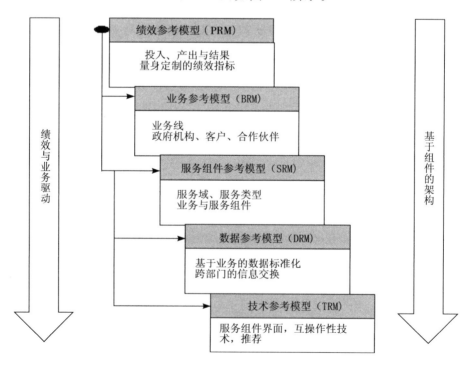

图 5-1　FEA 参考模型

绩效参考模型为整个联邦政府提供一般结果与产出指标的绩效测评框架;业务参考模型是联邦政府机构所实施的与具体的政府机构无关的业务框架,它构成 FEA 的基础内容;服务组件参考模型是一种以业务为驱动的功能架构,基于对业务支持方式和绩效目标进行分类;数据参考模型是支持项目计划与业务流运行过程的数据与信息;技术参考模型是一种分级的技术架构,用于描述传输服务组件与提高服务性能的技术支持方式。① 在 FEA 中,业务参考模型是其基础,服务组件参考模型则是实施的关键。

参考模型以通用且一致的方式描述了 FEA 的基本要素,有助于改善 IT 投资,促进机构内部和机构之间的协作。

(1)绩效参考模型(PRM)。

绩效参考模型是一个绩效评估框架,提供了整个联邦政府常见的效能评估。它使机构能够更好地在战略层面管理政府业务。最重要的是,它有利于基于比较确定资源分配的决策程序和更有效率的组织。

PRM 位于整个 FEA 架构的最顶端,表明了绩效在 FEA 中的重要程度。PRM 由六大评估领域构成,相互之间的关系构成如图 5-2 所示。

对于每一个具体的评估领域,PRM 都提出了三级评估指标,即"评估类(Measurement Category)""评估组(Measurement Groupings)"和"通用评估指标(Generic Measurement Indicators)"。评估类根据被测评的属性和特征分组。如,用户成效测评领域包括用户收益、服务范围、及时性和响应性、服务质量和服务可访问性五个测评类目。评估组则是将类目进一步细化为特定类型的测量指标,评估组一般与业务参考模型 BRM 中的子功能相对应。通用评估指标则可由机构根据自身的实际情况来进行操作。其结构如图 5-3 所示。

---

① 王璟璇、于施洋等:《电子政务顶层设计:FEA 方法体系研究》,载《电子政务》,2011 年第 8 期,第 19~29 页。

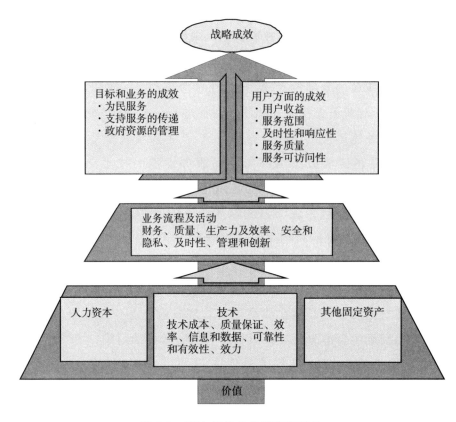

图 5-2 FEA 绩效参考模型(PRM)

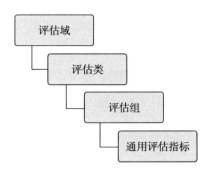

图 5-3 绩效参考模型的结构

(2)业务参考模型(BRM)。

业务参考模型围绕联邦政府的共同业务范围展开描述,从职能视角理清联邦政府业务线,打破了部门和机构界限,避免政府机构之间彼此独立、各自为政,以促进机构之间的协作。BRM 用于描述联邦政府的业务处理,这些业务处理独立于执行它的具体机构。BRM 是 FEA 的基础层,也是分析服务组件、技术、数据和绩效各参考模型的基础。

业务参考模型由四大业务域组成,在较高层级上对政府职能活动进行分类。四大业务域包括三十九条业务线,每个业务线又包括一系列子功能,子功能是 BRM 中最低层级的划分。如,环境管理业务线包括三个子功能:环境监控与预报、环境治理、污染防治和控制。BRM 中的业务划分如图 5-4 所示。

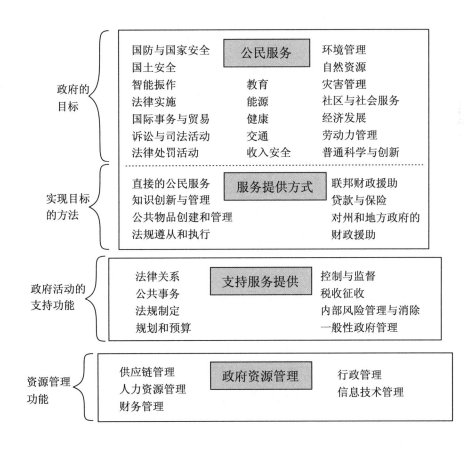

图 5-4 BRM 的四大业务域和三十九条业务线

(3)服务组件参考模型(SRM)。

服务组件参考模型从服务域、服务类型、具体服务组件三个层次对支持政府业务和绩效目标的服务进行分类,其目的是便于 OMB 及时发现重复性投资项目,从而减少 IT 开发的重复投资、节约成本并提高效率。

SRM 包括七大服务域(Service Domain),如表 5-1 所示。每个服务域分为一个或多个服务类型(Service Type),每个服务类型可以进一步分解为一个或多个组件,每个组件即为实现某个具体业务功能的"构件块",具有相似能力的组件组织在一起,构成一个服务类型。

表 5-1　服务组件参考模型的结构

服务域	服务类型
用户服务	•用户关系管理　•用户偏好　•用户初始化辅助
业务处理自动化服务	•业务追踪和工作流　•日常事务与日程安排
业务管理服务	•过程管理　•投资管理　•组织管理　•供应链管理
数字资产服务	•内容管理　•文档管理　•知识管理　•文件管理
业务分析服务	•分析和统计　•可视化服务　•知识发现 •业务智能　•报告
内勤服务	•人力资本/劳动力管理　•开发与整合　•人力资源 •资产/资料管理　•数据管理　•财务管理
支撑性服务	•安全管理　•系统管理　•协作　•表单管理 •搜索　•通信

(4)技术参考模型(TRM)。

技术参考模型确定了技术架构在采用和实施过程中所赖以支持的技术要素,同时也是促进联邦机构中复用技术和组件服务标准化的基础。

如图 5-5 所示,TRM 由四个服务域组成,每个服务域将技术架构的需求组织在一起,构成功能需求域。服务域又可分为服务类,根据其服务的业务或技术功能,将技术、标准和规范分为较低层级的类别。这四个服务域分别为:

•服务访问和提供——标准和规范的集合,支持外部的访问、交换和服务组件或能力的提供。

•服务平台与基础设施——提供和支持的平台、基础设施能力和硬件需求,支持服务组件或能力的构建、维护和可用性。

•组件框架——底层平台、技术和规范,借此可在基于组件的、分布式的,或面向服务架构中创建、交换和使用组件。

• 服务接口与集成——技术、方法、标准和规范的集合,控制机构如何与服务组件交互(包括机构内部和机构之间)。该服务域也定义了组件与后勤/遗留资产之间交互和集成的方法。

服务访问与提供			
访问渠道	提供渠道	服务需求	服务传输
Web 浏览器	Internet	立法/遵从	网络服务支持
无线网/PDA	Intranet	认证/单点登录	服务传输
协作/通信	Extranet	托管	
其他电子渠道	点对点(p2p)		
	虚拟专用网(VPN)		
服务平台与基础设施			
支持平台	提供服务器		硬件/基础设施
无线/移动	Web 服务器		服务器/计算机
平台独立	流媒体服务器		嵌入式设备
平台相关	应用服务器		外部设备
软件工程	门户服务器		广域网(WAN)
集成开发环境	数据库/存储		局域网(LAN)
软件配置管理	数据库		网络设备/标准
测试管理	存储		视频会议
组件框架			
安全	呈现/接口	业务逻辑	数据管理
证书/数字签名	静态显示	平台独立	数据库连接
安全服务支持	动态服务端显示	平台相关	报告与分析
	内容呈现	数据交互	
	无线/移动/音频	数据交换	
服务接口与集成			
集成	互操作性		接口
中间件	数据格式/分类		服务发现
机构应用集成	数据类型/确认		服务描述/接口
	数据转换		

图 5-5 技术参考模型的构成

(5)数据参考模型(DRM)。

数据参考模型用来描述业务运行过程的数据与信息,以及联邦政府与服务对象之间的信息交换和作用类型。要实现 FEA 联邦政府 IT 投资的信息共享和效率提升这两大目标,需要明确通用数据,并使之能够跨部门使用。DRM 通过促进数据和信息的通用定义和使用,及其在不同机构间的适当共享实现这些目标。DRM 将数据分类与 BRM 联系起来,利用"业务背景"来识别数据所存在的业务环境。作为数据和信息重要组成部分的文件,其有效管理和交换与 DRM 息息相关。

DRM 描述了三个基本的标准化领域,如图 5-6 所示。

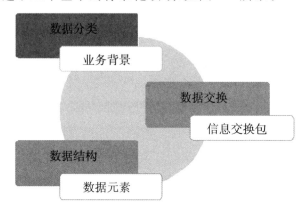

图 5-6　数据参考模型的结构

• 数据背景(数据分类)——表示分类方案的标准方法,机构可用此分类方案对数据分类,从而使数据的业务背景更易于理解。

• 数据共享(数据交换)——描述机构之间数据交换的特性和需求,以及数据源的标准方法,定义一个标准的消息结构,即信息交换包(Information Exchange Package)。

• 数据描述(数据结构)——描述机构结构化、半结构化和非结构化数据的标准方法,结构化数据包括单个实体和其属性,以及实体间的联系。非结构化数据包括多媒体文件和使用早期版本创建的文档(如 Word 文档)。半结构化数据包括网页和电子邮件。

5.1.2　FEA 中的文件管理

5.1.2.1　文件生命周期与 FEA 参考模型

在充分了解 FEA 的基础上,机构可以在参考模型的背景中审视文件的生命周期,即文件的创建、接收、维护、利用和处置的整个过程。如图 5-7 所示,机构创建、接收、维护、利用和处置文件以支持其业务过程(在 BRM 中应用)、业务和服务组件(在 SRM 中确定),依赖适当的标准(包括数据标准)、规范和技术(在 TRM 和 DRM 中确定)支持,以实现文件管理活动。最后,机构可以使用在 PRM 中确定的评测指标评估文件管理的效果。

FEA	文件管理纲要		
	生成与接收	维护与利用	处置
BRM	策略与过程		
SRM	组件、服务、共享服务中心		
IRM	标准、规范和技术		
DRM	信息、结构、交换和利用		
PRM	性能指标和成效		
	业务线 业务线 业务线 业务线 业务线 业务线 业务线 业务线 业务线 业务线 业务线		

图 5-7 集成文件管理的 FEA

简而言之,文件管理纲要将文件管理资源置于 FEA 的背景之中,机构可以据此改进其文件管理实践。如,机构可以:

• 在 BRM 中,基于业务线,确定必须遵循的文件管理需求。

• 在 SRM 和 TRM 中,确定业务和服务组件,以及支撑技术,以促进文件管理活动。

• 在 DRM 中,确定适当的文件构成和元数据。

• 在 PRM 中,确定适合监控文件管理成效的指标。

5.1.2.2 BRM 中的文件管理

BRM 中两个独立的业务线存在文件管理功能。

• 支持服务提供业务域 g 一般性政府管理业务线 g 中央文件和统计管理子功能

该子功能用于处理"将联邦政府作为一个整体进行文件和统计管理,诸如由 NARA 进行管理的文件和由统计局进行的统计和数据收集"。如,NARA 致力于改进文件处置活动,并且 ERA 项目与此子功能保持一致。

·政府资源管理业务域 g 信息技术管理业务线 g 文件留存子功能

该子功能用于处理"与机构公文与文件管理相关的操作"。如,包括机构改进文件管理活动的努力,获取在整个机构范围内使用的电子文件管理应用软件。

NARA、OMB 和联邦 CIO 委员会相信通过改进 BRM 可以充分掌控文件整个生命周期内的管理活动,文件留存只是机构执行的诸多文件活动中的一个。OMB 和联邦 CIO 委员会将继续努力,确保 BRM 的未来版本能够充分反映机构涉及的全部文件活动,包括文件的创建、接收、维护、利用和处置。

5.1.2.3 SRM 中的文件管理

SRM 中的文件管理组件是指"支持文档和信息存储、保护、存档、分类和销毁的能力集合"。目前,SRM 定义了四个组件:

·数字权利管理——支持组织对知识财产、产品声明和所有权的能力集合。

·文档分类——支持对文档和产品(包括电子的和物理的)进行分类的能力集合。

·文档销毁——支持文档和产品中止或取消的能力集合。

·文件连接/关联——支持在逻辑数据和信息集合之间建立联系的能力集合。

作为电子文件管理优先项目的组成部分,NARA 及其合作机构定义了需要优先考虑的文件管理活动,这些文件管理活动可在基于组件的架构中由软件服务组件实现,同时发布了文件管理服务组件的基本功能需求。文件管理服务组件可以让文件管理在业务过程的更早阶段开展,并且整个机构的使用者在创建和接收文件时可以从自身的角度来使用文件管理服务组件,从而使文件能够得到充分有效地管理。

5.1.2.4 TRM 中的文件管理

目前,TRM 不包含,即不处理文件管理,但是随着 TRM 的不断完善,有理由预计其将会包含 NARA 在联邦法案 36(36 CFR)中与文档充分性和文件处置有关的要求、总务管理局在联邦法案 41(41 CFR)中与文件管理经济高效有关的要求。这些法规要求机构必须考虑将开发IT解决方案捕获至服务利用和提供服务域g服务需求服务类g立法/遵从服务标准。

TRM中另外一个可能处理与文件管理相关技术标准和规范的领域是服务平台与基础设施服务域g软件工程服务类,该服务类覆盖了构建软件系统的技术范畴和相关的管理问题,如配置管理和测试。在DoD 5015.2—STD中建立的电子文件管理应用软件设计规则与软件工程服务类相一致。

TRM提供标准和规范以描述ERMS所处的技术环境,如,不同ERMS之间的接口规范。使用TRM需要以SRM作为背景,一个由TRM组件构成的IT解决方案可以执行特定的服务,如管理文件、共享文件或销毁文件。如,机构可能首先在SRM中查找与销毁文件相关的服务,然后再查找执行文件销毁的IT解决方案。可能会有许多IT解决方案执行此服务,机构就需要发现最适合其技术环境的解决方案,这样的解决方案对机构来说才是最佳的。

5.1.2.5 DRM中的文件管理

DRM描述的三个基本的标准化领域,即数据分类、数据结构和数据交换均与文件管理密切相关。

• 数据分类。

业务背景表明了数据的一般业务目的,并使用BRM作为其分类方法。该信息对文件交换是非常有价值的,因为可以帮助接收者(用户或系统)在适当的背景中处理信息。如图5-8所示,业务背景的主题域与一个或多个BRM中的业务线密切相关,超类型则表明其与多个特定的业务处理或活动相关。

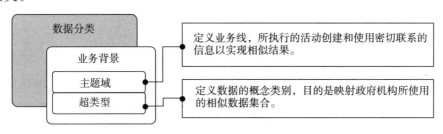

图5-8 DRM中的数据分类

至于文件的创建,主题域表明文件生成或应用的 BRM 业务背景(如业务线),超类型则表明导致文件生成的特定业务过程或活动。如,如果一个机构要与其他机构交换"许可"的数据,则与此数据相关的业务背景(主题域和超类型)在自然资源业务线的子功能再生资源管理与旅游中,和在法规遵从和执行业务线的子功能许可与注册中是不同的。虽然这类数据均是文件,但是与休闲公园利用的许可和海上石油钻井的许可是完全不同的。

• 数据交换。

为实现系统之间数据交换的最大程度互操作性,有必要定义标准消息结构以便系统可以理解或易于表达,DRM 信息交换包的目的就在于此。如图 5-9 所示。

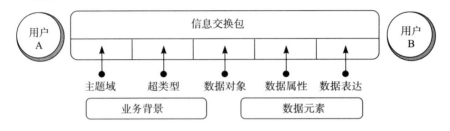

图 5-9 DRM 中的信息交换包

信息交换包利用 DRM 中数据分类和数据结构的能力,从而进一步促进信息和文件的共享。如,在两个 RMA 之间传递文件,如果二者传递或接收的数据均遵循 DRM 信息交换包格式,则可以实现无缝交互,因为相互之间能够理解数据的所有方面,包括业务背景、消息格式以及消息中包含的数据。也就是说,发送方传递的文件及其元数据是以接收方能够理解和处理的格式进行传输的。

• 数据结构。

除了提供数据的业务背景之外,DRM 指定了描述数据结构的标准方法,这种方法是通过与数据元素的属性相关联的机制来实现的。如图 5-10 所示,这一机制包括三个组成部分,即数据对象、数据属性和数据表达。数据元素集合则由这三部分构成,建立了在给定业务事务中的信息交换包。

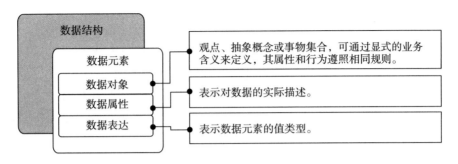

图 5-10 DRM 中的数据结构

数据元素聚合成有意义的信息,并进一步聚合成文件,文件不限于也不是由特定主题或特定数据元素组合来定义,然而,当机构在执行公共业务生成文件时,数据或信息聚合(即文件)必须遵循指定的业务规则,以便于文件管理。

5.1.3 RMSC 的主要内容

为了将联邦政府打造成一个以公民为中心的、面向结果和基于市场的政府,OMB 建立了 FEA,通过五个参考模型,FEA 描述了业务功能与支持业务功能的技术和信息之间的关系。SRM 对 FEA 中的服务组件进行分类,支持所有联邦机构的通用业务需求。文件管理服务是包含在 SRM 中的一个服务组件,实现整个政府中的机构有效管理"智力资产和电子媒介"。RMSC 中文件管理服务的详细功能需求和用例与 FEA 和 SRM 保持一致。

电子文件管理必须实现前端控制,目前市面上的大多数文件管理应用软件,尽管看上去可以在业务过程的开始实施,但通常都是在业务活动结束之后才实施,文件管理均在脱离其生成的软件系统和背景之后展开,使电子文件面临极大的风险。ERMS 与标准也面临相同的问题,尽管在某些情况下,覆盖文件生命周期的范围会广些,但都是从不同的视角,处理的内容也与文件管理服务组件不同。例如,ANSI/ARMA/AIIM 发布的《电子文档管理系统和 ERMS 集成框架》(TR48—2004)[①],主要论及的是两种不同的

---

① 段荣婷:《论国际档案信息标准化现状、发展趋势及我国的对策》,载《档案学研究》,2008 年第 1 期,第 38~46 页。

独立应用系统之间的整合。同样,美国 DoD 5015.2－STD 中的各种功能要求也不是文件管理服务,而是在任何面向服务架构的电子环境中,这些功能要求不能在文件生命周期的最开始阶段就可以得到实施。至于广为熟知的 ISO 15489 讨论的则是机构内部开展文件管理活动的指南和最佳实践。

文件管理是实施电子政务的重要基础之一,电子文件管理也是所有政府机构的通用需求。文件管理服务是 SRM 中数字资产管理服务域中的一个服务类型,可以满足机构有效管理在各项业务活动中产生的电子文件。OMB 在开展电子政务建设之初确定了 24 个总统优先项目时,电子文件管理优先项目就是其中之一。电子文件管理优先项目为整个政府机构的电子文件管理提供指南,并确保电子文件的科学管理。电子文件管理服务项目是其中的一部分,由 NARA 牵头。文件管理服务项目的主要目的就是要确定电子文件管理中的各项功能如何通过服务组件来实现,即标识、存档和规范能被服务组件支持的核心文件管理需求并确定其优先顺序,同时与 FEA 参考模型、纲要和组件注册计划相配合,为所有生成或管理电子文件的机构提供互操作的文件管理功能。

为此,NARA 成立了专门的 RMSC 办公室,负责项目的组织、协调与研究。RMSC 包括两个相互独立开发项目,即需求开发项目(2004.2 —— 2005.3)和用例开发项目(2005.4 —— 2005.7)。文件管理服务项目首先进行的是文件管理需求开发项目,通过一系列的会议,来自内阁机构、行政机关、独立机构和文件与档案管理署的 18 位专家,讨论了 FEA 这一基于服务架构中的文件管理活动,并于 2005 年 3 月 31 日发布了该项目的最终报告。① 在报告中确定了 8 个可被服务组件支持的核心文件管理活动,以及 21 个功能需求,此外还定义了与功能需求相关的 33 个属性。这 8 个服务组件及其定义见表 5-2。

---

① National Archives and Records Administration,"RMSC Requirements Development Project Final Report", accessed May 12, 2014, http://www.archives.gov/era/pdf/rmsc0305.pdf.

表 5-2 需求开发报告中文件管理服务组件及其定义

文件管理组件	定义
文件捕获 Capture Record	在电子环境中捕获具有相关属性的信息。
分配处置 Assign Disposition	利用已建立的处置权限,确定文件的处置日程表、分类条目和处置指南。
文件分类 Categorize Record	根据机构的业务规则,确定文件适当的描述性分类。
文件检索 Search Repository	在所有或部分文件库(瞬时的、暂时的或永久的)中查询文件的内容和属性,以确定其是否存在及存放位置。
文件提取 Retrieve Record	根据检索结果,显示文件内容或属性。
真实性保证 Ensure Authenticity	基于文件的特征,如结构、内容和背景,保证其真实性。
文件关联 Associate Record	通过文件关联属性,使一份文件能够与其他文件相关联。
执行处置 Execute Disposition	根据已建立的保管权限,执行文件的销毁、迁移和保存等管理活动。

每个服务组件的功能需求和功能需求中的属性定义分别为:

(1)文件捕获。

• 文件捕获组件应当能够以一致的格式为所接收的文件分配描述符,这些文件构成机构的可控信息资源。

描述符是描述文件的信息,通常由文件的生成者或管理者确定文件的属性。描述符可从诸如生成或传输文件所使用的模板中提取,也可由软件自动生成。理想情况下,描述符包括由分类法定义的关键字。与文件相关的描述符属性可能是唯一的,也可以有多个值。机构可控信息资源是一种电子对象,包括原始文件、描述文件的信息、关于文件产生和使用的数据,以及应用于文件控制和监管的职责与需求。

• 文件捕获组件应当为所捕获的文件指派法定保管者。文件是依据机构业务规则在系统中捕获的原始电子对象。

文件是根据业务规则在系统中捕获的原始电子对象。法定保管者是在文件生命周期的某个环节承担确保文件服务与维护职责的实体。在文件的整个生命周期内,法定保管者可以接替,但不能并存。没有法定保管者,也可以有多个部门具有利用、管理和使用文件的权利。法定保管者可以是创建文件的部门,或合并的机构文件管理者,或负责存储文件的机构。该属性可以有一个或多个值。

(2)分配处置。

• 分配处置组件应当能够接收已分类的文件,并使用已确认的文件保管期限表,为文件指定属性(如,期限表编号、期限表条目编号、处置行为、处置日期、检查日期、期限表名称、保管期限等),生成保管期限确定的文件。

(3)文件分类。

• 文件分类组件应当能够允许授权用户(如,个人、组织或应用程序)对文件进行分类,生成已分类文件。

授权用户是拥有对文件进行分类或再分类权利的个人、部门、组织、文件管理和其他应用软件,以及其他用户。分类文件是根据业务规则具有一个或多个分类属性的捕获文件,该属性可分配一个或多个值。

• 文件分类组件应当能够允许授权用户对已分类文件重新分类,生成再分类文件。再分类文件是一个或多个分类属性被修改的分类文件,该属性可分配一个或多个值。

• 文件分类组件应当能够对未分类文件应用审定的分类方案,生成已分类或再分类文件,并设置如类目、类名和分类日期等属性。

审定分类方案是组织用于表明文件之间相互联系的、确定的共享框架。该框架可基于负责创建或维护文件的机构部门、文件主题、文件来源或其他方法。需注意的是,分类方案可以是字母的、数字的、字母数字相结合的、描述的或它们的组合。未分类文件是已捕获的、分类属性为空值的文件。

• 分类文件组件应当能够对未分类文件应用相关业务规则,生成已分类或再分类文件,并添加分类属性(如类目、类名和分类日期)。

业务规则是在特定活动或信息控制中指明涉及执行、活动、实践或过程必须遵守的指南。业务规则来源于由人工设计的处理或过程,但可以通过系统进行适当的优化,以加强其应用实施。业务规则有两个重要特征:一是应当具有明显的目的;二是应当有强制方法以表明不遵守规则的后果。

(4)文件检索。

· 文件检索组件应当能够接受用户查询,对可用的文件应用查询规则,生成匹配文件列表。

用户查询是由人或系统根据查询规则提出的查询请求。查询规则是用于确定所查找文件的检索参数(如数据、关键词、描述符、文本等),匹配文件列表是根据查询规则所检索出来的文件列表(列表可以是空的)。

(5)文件提取。

· 文件提取组件应当能够使用文件提取工具,在符合利用权限的前提下,提供文件检索组件确定的文件和相关属性。

(6)真实性保证。

· 真实性保证组件应当为新捕获的文件分配原始真实性标识属性。

· 真实性保证组件应当在文件每次利用时将原始真实性标识与当前真实性标识属性进行比较,若存在不符之处,应生成差异属性。

(7)文件关联。

· 关联文件组件应当能够通过设置文件关联属性将一份文件与另一份文件相关联,并建立一个文件关联。

关联文件是由系统捕获的、和现存文件有联系的文件。文件关联是基于内容、背景或来源,表明一份文件与另一份文件之间联系的标识,该属性可以是一个或多个值。

(8)执行处置。

· 执行处置组件应当能够当出现已分类文件的法定保管者改变时,为其指定后续法定保管者(注意:文件可能具有不止一个后续法定保管者属性。)

后续法定保管者是在文件生命周期的某个环节继前一个法定保管者之后,承担文件管理和维护职责的实体。该属性可以被设置为一个或多个值。

· 执行处置组件应当在暂停处置干预发生时,设置暂停处置属性。(注意:文件可能具有不止一个暂停处置属性。)

暂停处置是在现存的处置日程表之外,已设置的暂停处置属性集合。该属性可以被设置为一个或多个值。暂停处置干预是设置暂停处置属性的事件或责任人,如法律或法规命令。该属性可设置一个或多个值。

• 执行处置组件应当能够为已分类文件的暂停处置分配"空值",以允许处置可以继续进行。

• 执行处置组件应当使用确认的处置期限表使处置行为、处置日期和暂停处置属性有效,并设置有效处置属性。

处置行为是指文件的销毁、传输或继续保管。处置日期是已安排的处置行为执行的日期。有效处置是指将处置行为和处置日期与确认的文件保管期限比较,并检查暂停处置属性的状态之后,可以将其值设置为"是"或"否"。

• 执行处置组件应当能够定位已制定保管期限的文件及其属性,确认可以使用已设置的有效处置属性执行销毁,并生成确定处置文件。

• 执行处置组件应当使已建立保管期限的文件确认被销毁,并设置处置完成属性。

• 执行处置组件应当能够定位文件及其属性,确认使用已设置的有效处置进行传输,并生成确定传输文件。

• 执行处置组件应当使已建立保管期限的文件确认被传输和传输文件的工具,并设置处置完成属性。

• 执行处置组件应当能够设置处置行为历史属性,当处置完成属性设置完成后生成处置证据。

处置行为历史是自始至终与文件相关的处置行为列表,如处置日期、授权个人等。该属性可以设置一个或多个值。处置证据包含表示处置完成的各种属性。

经过进一步的讨论和研究,联邦机构的代表认为这八个服务组件还未能充分表达电子文件管理需求,文件捕获和文件关联过于宽泛,需要进一步细化,而确定处置和执行处置则需要合并,还有两个组件(文件检索和文件提取)所需要的服务在市面上已经存在。因此,他们要求RMSC办公室承担这些工作,并面向工程技术领域描述电子文件管理需求,即将电子文件管理功能需求转述为实施规范。根据这一要求,RMSC办公室召集部分联邦机构代表和NARA专家,通过召开一系列研讨会,进一步厘清电子文件管理的功能,并用统一的建模语言(Unified Modeling Language,UML)和这一工程技术领域可理解的标注方法加以描述。这种标注方法包括基于电子文件管理领域的概念与术语的结构化描述,以及用户(行为人)与系统(电子文件管理服务组件)之间为满足电子文件管理功能需求的一系列交互。用例开发项目技术报告[①]于2005年7月20日发布,详细描述了电子文件管理的功能需求,在功能专家(电子文件管理需求描述者)和开发者(IT解决方案提供者)之间担当了"翻译官"的角色。一方面可以使功能专家用自己的概念和术语来解释需要组件做什么(What),以及如何实现,另一方面又可让开发者提供解决方案(How),并且所提供的解决方案能够得到验证,并被功能专家所理解和接受。

　　用例开发项目技术报告确定了核心文件管理活动的七个服务,包括功能需求、属性和各自的UML类图。这七个服务是在FEA定义的背景下,可通过软件服务组件实现,并限定在特定的范围内,即从文件接收、标识、捕获到文件处置的过程中。至于文档生成、格式、存储方法和介质、系统管理、维护、备份、灾难恢复、隐私与信息安全需求、密级管理、保管期限表的创建与维护,均不在这七个服务范围内。在确定文件的构成要素、文件如何分类或聚合、文件应当留存多久,以及文件的最终处置等活动中均需考虑人员因素、知识和业务规则,这些活动和决定大多数情况下需要人工干预,因此不能直接由软件服务实现。然而,一旦决定之后,许多活动均可由软件服务实施或执行。所以文件管理服务不能创建处置日程,但文件管理服务可以实施基于业务人员所提供的规则建立的处置安排。

　　用例开发计划技术报告所确定的七个文件管理服务组件如表5-3所示。

---

① National Archives and Records Administration,"Functional Requirements and Attributes for Records Management Services",accessed May 12,2014,http://www.archives.gov/era/pdf/Functional-Requirements-and-Attributes-for-Dec07-2005.pdf.

表5-3 用例开发项目报告中的文件管理服务组件及其定义

文件管理组件	定义
文件捕获 Record Capture	识别电子文件生成者、日期和唯一标识符。
来源 Provenance	将电子文件与其创建和整个生命周期内的背景信息绑定。
分类 ArchivalBond	标识一定时间内,同类业务活动、事务或过程中所生成电子文件之间的联系。
真实性 Authenticity	提供创建真实电子文件的基准条件,并保证电子文件在整个生命周期内的真实性。
事务文件 Case File	提供将基于业务活动、事务、案例、调查等相联系的单一文件组合成事务文件。提供事务文件与其组成部分之间唯一的关联标识。
引用 Reference	在各自独立管理的单份文件之间建立联系。
处置 Disposition	确保电子文件与保管指南和保管权限相关联,追踪保管指南和保管权限的更改。

(1)文件捕获服务。

文件捕获功能(Record Capture Function):设置文件各种管理属性,如文件生成者、归档日期等①,并确保文件在电子环境中被唯一标识,最终生成可被管理的捕获文件。文件的真实性和可靠性依赖其生成时的各种背景信息,必须在文件生成时就捕获这些信息,并在以后的文件管理中加以维护。一般而言,如果文件是由合法用户或软件系统根据合法业务规则创建的,则被认为是可靠的。

文件标注建立功能(Record Annotate Establish Function):设置文件属性以确定文件在给定分类集中或不同分类集之间的唯一性,确定文件在其生成、业务活动过程中和处置时所需的特定处理。该功能也支持同时为文件指定一个或多个标注,并在捕获文件时可用。在设置属性时需要责任者、

① 这里"归档"并非指将文件移交给档案部门,而是业务活动中形成的信息在结束之后可以作为文件来维护和管理。

日期等信息以描述标注。

文件标注首次更新功能(Record Annotate First Update Function):更新文件的属性,为检查标注的执行和结果提供证据,对标注的检查主要是确定是否需要维护或更新标注。该功能能够建立一个标注及其检查的历史记录。

文件标注后续更新功能(Record Annotate Subsequent Update Function):继续对文件属性进行更新,为检查标注的执行和结果提供持续的证据,对标注的检查主要是确定是否需要维护或更新标注。该功能能够建立一个标注及其检查的历史记录。

文件标注属性删除功能(Record Annotate Attribute Depopulate Function):能够根据业务规则删除与某个标注相关联的属性,包括能够使属性所包含的数据在销毁或移去文件属性时可用。

(2)来源服务。

来源建立功能(Provenance Establish Function):可提供文件创建(即其来源)背景证据的属性,从而将文件与其创建时的环境紧密联系在一起。此功能确定文件创建或接收的人或系统和机构、负责文件保存的文件保管者和确定文件保管者的日期。文件的价值和能否对其长期科学管理完全依赖于其来源和此服务设置的属性所提供的或满足这些需求的基本信息。

来源建立功能既支持捕获来源证据的概念,也支持机构及其部门之间的等级划分。此功能允许机构将来源证据根据机构的实际情况,分为更小的粒度,即业务决策可以是机构作出的,也可以是机构的某个部门作出的,因此文件的创建者可以是机构、机构的某个部门或个人。

来源首次更新功能(Provenance First Update Function):是当来源建立之后,根据文件背景信息的变化,对文件相关属性的修改。也就是说,来源服务应当能够记录文件来源中任何证据信息的变化。该功能允许收集文件基于业务目的的管理过程中的各种信息,如维护文件当前保管者的信息,如果可能也包括历次保管者的相关信息。文件来源不仅限于文件创建或接收的信息,也包括文件后续使用、维护和保管,直至不再用于业务目的的相关信息。

来源后续更新功能(Provenance Subsequent Update Function):能够持续对文件来源属性进行更新的处理。

文件保管者首次更新功能(Record Keeper First Update Function):是在文件保管者属性建立并初始化之后所作的更改,以提供持续的来源证据,从而使文件来源建立之后能够记录证据的变化。该功能将文件与其基于业务目的的管理环境紧密结合在一起。文件来源维护当前负责文件保管的文件保管者信息、赋予文件保管者职责的日期和历次保管者的身份。

文件保管者后续更新功能(Record Keeper Subsequent Update Function):能够持续对文件保管者属性进行更新的处理。

(3)分类服务。

分类建立功能(Category Establish Function):确定指定时间范围内相同类型业务行为、事务或过程中所形成文件之间的联系。文件之间的联系通过分类服务为文件分配类别来实现,即组卷。某一类别中的所有文件提供了业务过程或活动随时间推移的长期证据。

分类服务使机构能够根据其业务范围内指定的规则和需求来实施文件保管,允许将相似文件以有意义的方式分组或聚集进行管理,如,根据文档类型、事务、服务、主题等。对文件进行分组或聚集的具体模式,不论是根据分类方案,还是文件规划等,均取决于业务需求。文件本身内部要素是如何构成的,如,事务文件中的单个文件,并不在分类建立功能的考虑之列。

分类建立功能支持机构在电子环境下具备"一次存储多次使用"的能力,一份文件能够反映多个业务事务,因此可为其分配多个分类,在每个分类中具有各自的来源、处置等,而且需要分别进行管理。

分类首次更新功能(Category First Update Function):更新指定时间范围内相同类型业务行为、事务或过程中所形成文件之间的联系。

分类后续更新功能(Category Subsequent Update Function):持续更新指定时间范围内相同类型业务行为、事务或过程中所形成文件之间的联系。

(4)真实性服务。

真实性建立功能(Authenticity Establish Function):创建真实文件,作为文件在其整个生命周期内真实性的基础或参照。文件在其生命周期内可以引入新的真实性基础或参照，借此可以应用新的真实性验证方法。

如果文件能够被证明"与形成时的原本含义一致"[①]，则认为是真实的，也即文件保持了其创建或发送时的原始属性。文件来源属性的捕获、生成和维护，并始终没有被修改，可以增强其真实性的判定。真实性服务的目的就是提供对这些属性及其完整性的检查，从而证明文件的真实性。

真实性确认功能（Authenticity Validate Function）：使用与设置真实性基础或参照相同的方法，验证文件当前的真实性。当需要判断文件是否真实时，该功能可以重复使用建立文件真实性的活动，或使用新的方法。

（5）事务文件服务。事务文件捕获功能（Case File Record Capture Function）：用于捕获事务文件，收集事务文件在其整个生命周期内进行管理的各种文件管理信息，并且允许在事务文件各部分之间建立联系或取消联系。

事务文件捕获功能设置事务文件的文件管理属性，提供文件创建者和其归档日期的证据，确保这些证据在电子环境中被唯一标识，即创建可进行管理的已捕获事务文件。文件的可靠性及其长期管理依赖于在电子环境中自其创建之后各种证据的捕获和维护，如，合法用户、处理的软硬件等。如果是由合法的用户或系统依据合法的业务规则所创建的，则文件是可靠的。

通过事务文件服务，可以将不同类型的文件聚集在一起进行管理。对于聚集文件，不同业务领域有不同的理解，如事务文件、文件夹、卷宗、项目文件、业务文件、主题文件等，但事务文件服务能够实施不同聚集文件概念的业务规则。聚集文件的名称是什么并不重要，重要的是其特性和行为。由于服务的抽象等级是确定的，因此不需要定义聚集文件的完整集合，也无需规范化这些定义。然而，业务所有者在实施时会发现有必要更为详细地描述与其业务规则相一致的某一类型聚集文件的特性。事务文件的核心特性包括：

• 单个组成部分的聚集。

[①] 冯惠玲、刘越男等：《电子文件管理教程》（第二版），北京：中国人民大学出版社，2017年，第31页。

- 根据业务规则,对任何组成部分施加的行为。
- 将所有组成部分作为单个文件管理。
- 当业务规则表明前两个特性已完成,对整个事务文件的处置。

事务文件在其聚集完成后,就作为单个文件进行管理,但也可能由于业务策略或过程的原因,需要对事务文件中的每个文件或组成部分分别进行管理。

事务文件关联功能(Case File Part Associate Function):可以唯一确定事务文件与其组成部分之间的联系。事务文件通常作为单个文件进行管理,但也可能基于业务策略或过程的考虑,需要对其各个组成部分进行不同的处置。事务文件关联功能也可以将事务文件的某个组成部分与一个或多个事务文件相关联。事务文件关联功能把因为业务行为、处理、事务等原因具有相互联系的文件联结在一起形成事务文件,从而支持事务文件的创建。

(6)处置服务。

处置建立功能(Disposition Establish Function):将文件与其处置授权者和处置指南相联系,可以提供文件与实施处置的管理控制之间的永久联系,从而促进机构更有效地进行处置管理,并根据处置指南来管理文件。

处置首次更新功能(Disposition First Update Function):处置建立功能确定并实施对是否保存文件及保管期限的业务决定的更新,处置更新反映了处置授权者和处置指南的变化。

处置后续更新功能(Disposition Subsequent Update Function):是对文件的处置方案进行的持续更新,通过不断更新文件的处置方案,从而保证文件的处置授权者和处置指南保持最新状态,促进机构更有效地对文件进行处置。

处置挂起功能(Disposition Suspend Function):阻止处置的执行,该服务在业务背景中执行处理。当文件的处置被挂起后,该文件被称为挂起文件。

处置恢复功能(Disposition Reinstate Function):根据恢复指令重新执行对挂起文件的处置。该功能可以对文件的多个挂起指令执行相应的恢复指令。

处置—移交功能(Disposition Enable Transfer Function):使文件能够根据处置指南进行移交,并跟踪与移交有关的事件。

处置—销毁功能(Disposition Enable Destruction Function):使文件能够根据处置指南进行销毁,并跟踪与销毁有关的事件。

(7)引用服务。

引用关联功能(Reference Associate Function):支持为不同业务目的将一个或多个文件与其他一个或多个文件相关联,从而将独立管理的单个文件作为一个整体进行管理。如,引用关联功能可以将满足查询请求的所有文件聚集在一起作为查询结果以响应查询请求。此外,该功能也支持将编译文件与源文件相关联,以提供编译文件的背景和来源。

引用取消关联功能(Reference Disassociate Function):提供将文件因业务活动和事务与其他文件之间的关联取消。

至此,由 NARA 牵头的文件管理服务项目研究告一段落,随后 NARA 为将 RMSC 打造为行业的标准而努力。2009 年 6 月,由 NARA 倡议制定的《文件管理规范》(Alpha 版)被美国著名的计算机行业标准协会对象管理组织(Object Management Group,OMG)采纳。2011 年 11 月,OMG 发布了《文件管理服务规范》(1.0 版)。① 该规范为电子文件管理软件建立模型,这些模型均是在 RMSC 的基础上建立的,遵循 OMG 的模型驱动架构(Model Driven Architecture,MDA),与平台无关的概念模型,即文件管理活动高度抽象,与实现它的技术无关。

5.2　欧盟的 MoReq2010

欧盟于 2011 年发布的《文件系统模块化需求体系》(Modular Requirements for Records Systems,简称 MoReq2010)突破了目前现有文件管理系统需求标准的模式,将电子文件管理需求划分为核心需求、插入需求和扩展需求三大模块,并分别制定标准。同时引入"基于服务的架构"

---

① Object Management Group,"Records Management Services (RMS) Version 1.0", accessed March 10,2015,http://www.omg.org/spec/RMS/1.0/PDF.

(SOA)这一新理念,使得基于 MoReq 2010 开发的电子文件管理系统具有更好的共享性和可复用性。MoReq2010 的主要目标就是为 MCRS 提供最低限度的功能需求,以满足日常文件管理的需要。

MoReq2010 对文件管理的核心需求进行了模块化划分,形成九种服务,也是一个 MCRS 必须满足的最小功能需求,其中文件服务是最核心的服务(如图 5-11)。

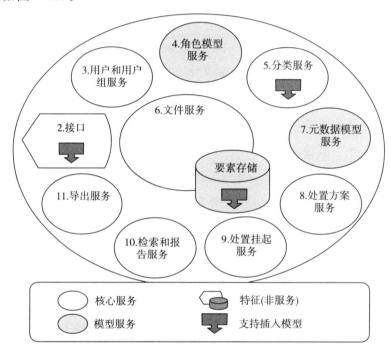

图 5-11　MCRS 可以看作相互联系的服务的组合

MoReq2010 并不限定软件供应商必须以单个应用程序来开发 ERMS,或在其中包含多个甚至所有核心服务。相反,通过划分不同的服务,软件供应商能够以服务为单位开发软件,每个服务可以在不同的 MCRS 之间共享。如,一个机构中的每个文件管理系统可以共享同一个分类服务或处置挂起服务。若要构建一个 MCRS,可以从不同供应商购买不同的服务,并整合在一起。

在基于服务架构的 MCRS 中,文件服务处于中心位置,是最核心的服务,只有文件服务不能与其他 MCRS 共享,不同的 MCRS 具有不同的文件服务,文件服务是区别不同 MCRS 的标志。而所有其他的服务均可以支持不同的文件服务,因此,可以同时作为不同 MCRS 的组成部分。

除了这九种核心服务之外,MoReq2010 卷一还在第二章描述了另一个核心服务——系统服务,系统服务是 MCRS 的整体功能需求,包括授权用户操作系统的权限、实体管理、系统错误报告、元数据管理、事件管理等方面。

5.2.1 用户和用户组服务

用户和用户组服务(User and group service)是对文件系统中的用户进行管理并分组。对用户和用户组的良好管理是文件管理系统成功实施的重要因素,所有业务系统都共享这一需求。在 MoReq2010 中,用户和用户组服务是一个需求集合,包含在 MCRS 中。并且,除用户和用户组的基本概念外,MoReq2010 没有规定如何对用户和用户组进行管理,即没有指定具体的管理方法。

传统的目录服务,其本身并不能提供文件管理所需要的所有功能,目录服务中的数据本质上是短暂的,通常很少或不能追踪系统的过往用户。用户和用户组的系统标识符可能不是全局的,而且可以更改。重要的是,在专门目录服务中的数据可能不是通用格式,当文件传输时,就不易于其他文件管理系统的理解。这就导致很难从历史的视域确定哪个用户执行了特定的操作,以及该用户属于哪个用户组。所以,MoReq2010 要求 MCRS 保存关于用户和用户组的额外的、稳定的数据,包括历史信息。这包括在 MCRS 内部创建代表所有用户和用户组的实体,使用全局的 MoReq2010 系统标识符,追踪实体的元数据变化。而当用户和用户组非活动时,不是从系统中完全删除,而是销毁,作为残留实体并保留必要信息。如果 MCRS 使用外部目录管理用户和用户组,则需要与该目录保持同步,或整合该目录,保证信息能够被捕获,定期更新,当从外部系统中移除时还保留这些信息。

用户和用户组服务的功能需求包括:

(1)MCRS 必须只能由授权用户访问,对于现有活动用户实体,至少具有如下系统元数据:

 • 系统标识符。

 • 创建时间戳。

- 形成日期/时间。
- 首次使用时间戳。
- 用户组标识符。
- 名称。
- 描述。
- 销毁时间戳。

每个用户实体还应当具有：

- 事件历史。
- 访问控制清单。

此外，可能还具有：

- 背景元数据。

（2）MCRS必须支持创建新用户实体的处理，新用户实体具有需求（1）所列出的元数据和其他属性。

（3）MCRS必须支持更新活动用户实体的名称、描述和任何背景元数据的处理，以反映用户的变化。

（4）MCRS必须支持在活动用户组中添加和移除活动用户的处理，并且必须同时生成一个事件。

（5）MCRS必须支持删除用户的处理，若该用户从未使用过MCRS。

（6）MCRS必须支持销毁用户的处理，若该用户曾经使用过MCRS。

（7）MCRS必须能够为授权用户生成报告，列出指定用户实体在某个特定日期和时间属于的活动用户组。

（8）MCRS必须能够维护用户组，使其具有如下系统元数据：

- 系统标识符。
- 创建时间戳。
- 形成日期/时间。
- 首次使用时间戳。
- 名称。
- 描述。
- 销毁时间戳。

每个用户组还应当具有：

- 属于该用户组的用户。
- 事件历史。
- 访问控制清单。

此外，可能还具有：

- 背景元数据。

（9）MCRS必须支持创建新用户组的处理，所创建用户组具有需求（8）所列出的元数据和其他属性。

（10）MCRS必须支持更新活动用户组名称、描述和任何背景元数据的处理，以反映用户组的变化。

（11）MCRS必须支持用户组的删除处理，若该用户组从未添加过用户。

（12）MCRS必须支持用户组的销毁处理，若该用户组曾有过用户成员。

（13）MCRS必须能够为授权用户生成报告，列出在某个特定日期和时间属于指定用户组的活动用户。

（14）MCRS必须允许授权用户浏览和检查用户与用户组，至少有如下方法：

- 浏览用户和用户组服务中的所有用户，并检查其元数据。
- 浏览用户和用户组服务中的所有用户级，并检查其元数据。
- 浏览用户及其所属的用户组，并检查他们的元数据。
- 浏览用户组及其所包含的用户，并检查他们的元数据。

5.2.2 角色模型服务

角色模型服务（Model role service）是一个简单的、标准化的模型，描述了在MCRS中如何对用户授权，并进行访问控制。MCRS在对任何实体执行任何操作之前，都必须执行初步的检查，以确定用户所请求的功能是否已被授权。只有用户是授权角色，才能被赋予执行功能的权利，这些用户被称为授权用户（Authorized User）。由于在MCRS中，同一角色可以被授予所有实体，或在若干文件系统中使用，角色服务管理所有角色的定义。一个角色代表一个功能集合，功能必须与角色相关联，每一个功能必须包含在至少一个角色中,如图 5-12 所示。角色与功能之间是多对多的关系:一个角色可能会包含多个功能,一个功能可能被不止一个角色所包含。"角色"这一术语表明,其所定义的功能集合具有内在的逻辑联系,描述了特定人员或机构特定部门所需的权利。以这种方式构建的角色,建立在功能集合一致性的基础上,与文件系统的管理集成在一起。

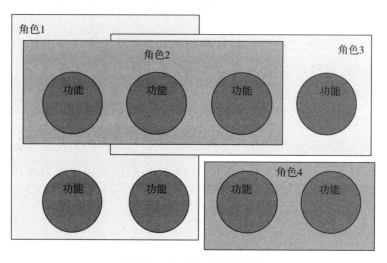

图 5-12　角色与功能关系图

在 MCRS 中,角色可以赋予任何实体相关联的用户或用户组,也包括服务。赋予后,生成一个访问控制入口并添加到实体的访问控制清单,指明用户或用户组,列出所赋予的角色。将角色赋予给用户或用户组,表明该用户或用户组中的所有用户可以执行角色定义中的所有功能。通过用户组进行角色管理更易于实现对用户的访问控制,因为若用户离开机构或更换岗位,就无需更新 MCRS 中实体的访问控制清单。和对单个用户频繁地赋予和移除角色,用户组管理无疑更简单,也不易出错。

图 5-13 显示了如何通过为实体在访问控制清单中添加新的访问控制入口,从而为用户或用户组赋予与该实体相关的一个或多个角色。MCRS 中的所有实体,包括服务,都有一个访问控制清单。

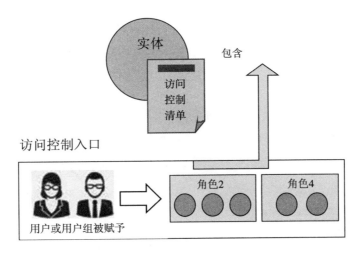

图 5-13 访问控制清单由连接用户或用户组与角色的访问控制入口组成

实体除了自身访问控制清单中的访问控制入口之外,还继承其他实体所赋予用户或用户组的角色。在 MoReq2010 中,作为一般规则,若实体间存在父/子的关系,则子实体继承父实体的访问控制清单,某些情况下,一个实体可以继承多个实体的角色。

MoReq2010 中有两种不同类型的角色,监管角色和非监管角色,确定角色类型是角色定义的一部分。监管角色一旦赋予一个作为整体的服务或任何父实体,则应用于所有继承该服务或该实体的所有实体,通过这种方式,监管角色复写子实体中所有设置。相对应的是,非监管角色仅当子实体的访问控制清单设置为包含继承角色,才被子实体继承。图 5-14 是一个例子。在该例中,角色 2 是监管角色,角色 4 是非监管角色,子实体 1 设置为包含继承角色,同时继承角色 2 和角色 4。而子实体 2 不包含继承角色,因此,只继承监管角色 2。

电子文件管理系统安装时,使用供应商预配置的默认角色设置是通常的做法,这样可以方便机构的使用。在特定的 MCRS 中,一些预配置角色可以被授权用户修改,甚至删除或销毁,而另外一些预配置角色则由供应商固定下来,不能被更改。MoReq2010 允许供应商在其产品中提供一个或多个预配置角色,包括固定角色,但必须提供记录文档作为测试验证报告的组成部分。MCRS 还应包括用户根据以后的需求和文件管理策略对自己的客户角色进行创建、修改和销毁的功能。需要注意的是,尽管供应商在其 MCRS 解决方案中将某些预配置角色设置为固定的,但当实体和与之相关的角色传递至另一个 MCRS 解决方案时,则没有必要继续保持固定。

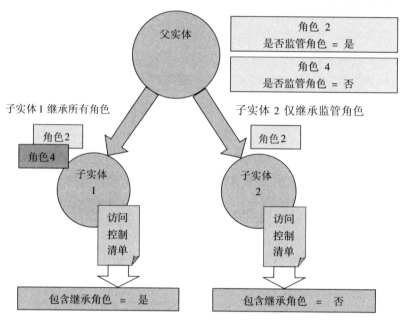

图 5-14　监管角色与非监管角色的继承

角色模型服务的功能需求包括:

(1)MCRS 必须允许授权用户创建角色,并具有如下元数据:

- 系统标识符。
- 创建时间戳。
- 形成日期/时间。
- 首次使用时间戳。
- 是否监管角色标志。
- 名称。
- 描述。
- 范围注释。
- 功能定义标识符。
- 销毁时间戳。

每个角色还具有：

- 事件历史。
- 访问控制清单。

可能还具有：

- 背景元数据。

(2) MCRS必须允许授权用户修改活动角色的名称、描述和范围注释，以及任何背景元数据。

(3) MCRS必须允许授权用户设置监管角色或非监管角色，但仅当该角色从未包含在任何访问控制实体中。

(4) MCRS必须允许活动角色添加或移动功能，保证每个功能始终与至少一个活动角色相关联。

(5) MCRS必须允许授权用户在保证每个功能都始终与至少一个角色相关联的前提下，删除不属于任何访问控制实体的角色。

(6) MCRS必须允许授权用户在保证每个功能都始终与至少一个角色相关联的前提下，销毁属于某个访问控制实体的角色。

(7) MCRS必须允许授权用户浏览和检查角色与功能定义，至少通过以下方式：

- 浏览角色服务中的所有角色并检查其元数据。
- 浏览角色服务中的所有功能定义并检查其元数据。
- 浏览一个角色中的功能定义并检查其元数据。
- 浏览包含某个功能定义的所有角色并检查其数据。

(8) MCRS必须自动为每个服务或服务集创建访问控制清单，并为MCRS中的每个实体收集下述元数据：

- 包含继承角色标志。

每个访问控制清单还具有该实体的：

- 访问控制实体。

(9) MCRS必须允许授权用户浏览实体的访问控制清单并检查其所包含的访问控制实体。

(10) MCRS必须允许授权用户修改实体的访问控制清单以更改包含继

承角色标志的值,并添加、删除和修改访问控制实体的下述元数据:

· 用户或用户组标识符。

· 角色标识符

(11)MCRS必须授权活动用户执行任何实体的任何功能,如果所执行的功能包含在活动角色中,该角色已经赋予该用户或该用户属于的任何活动用户组,特别是与该实体相关联的用户和用户组,或者这些角色继承自其服务、父实体或类(如果有的话)。

(12)MCRS必须允许活动用户能够发现已被授权可执行的、与任何实体相关联的功能。

(13)MCRS必须允许授权用户生成报告,表明哪些与实体相关联的功能已授权给指定用户,以及是如何确定的。

(14)MCRS必须允许授权用户生成报告,列出在特定日期和时间点属于指定角色的功能定义。

(15)MCRS必须允许授权用户检索并发现:

· 访问控制实体包含指定角色的实体。

· 访问控制实体包含指定用户或用户组的实体。

5.2.3 分类服务

分类服务(Classification service)将文件与其业务背景相关联。在电子文件管理系统中,每份文件都必须分类,即文件一旦生成就必须与类实体相关联。类代表了业务功能、活动和事务,将类与文件相关联,可以为文件提供确定的业务背景,并始终将文件与产生它的业务活动联系在一起。在MoReq2010中,文件也可置于聚合中,与类不同,聚合可能因许多不同的目的而创建。如,聚合可能代表传统的文件或文件夹,也可能代表可在特殊网站浏览的文件"在线图书馆"。文件以聚合的方式进行管理,处理起来更方便,可以把它们作为一个单个实体进行管理,或聚合中的文件可以使用相同的访问控制。由于聚合中的文件具有相同的业务背景,因此可以直接继承父聚合的分类。所以,和文件一样,聚合也必须分类。若管理的文件数量庞大,采用这种继承的方法对文件分类是较为妥当的,因为不必对单个文件一一分类，其前提条件是聚合中文件是一致的，可被分为相同的类。

MoReq2010 也允许异构聚合，即聚合中的文件属于不同的业务分类，这通常是出于操作的原因，如这些文件与特定的人、地点、项目、事件、事务等相关联。由于异构聚合中的文件并非由相同的业务活动产生，需要对文件分别分类，并复写继承自父聚合的默认分类。

所有根级聚合必须分类，默认情况下，每个子聚合和其中的文件可以继承父聚合的类。继承分类也可以通过直接设置聚合或文件的类进行复写。图 5-15 显示了聚合分类、继承分类和复写。

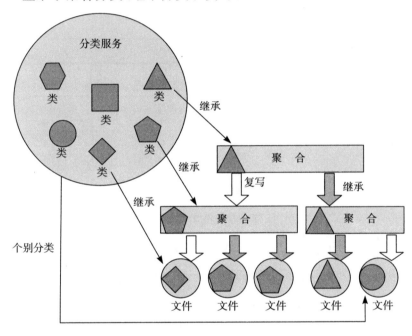

图 5-15　继承分类、分类复写与个别分类

随着时间的推移，在文件系统中必然会对文件重新分类，这是因为业务分类会发生变化和更新，而且当不同来源的文件组织在一起，如两个不同业务部门合并，也必须对文件重新分类。MoReq2010 要求每个 MCRS 为授权用户替换分类提供至少最小的支持。

许多机构创建自己的分类方案，并应用于整个机构中的所有业务活动，由于 MoReq2010 是基于服务架构的，不同的文件管理系统可以使用通用的、集中的分类服务，同时一个单个的 MCRS 也可能使用不止一个分类服务。分类服务必须支持特定的分类方案,分类方案代表了在分类服务内组织类的不同方法。如,一个最简单也是最常用的分类方案是层级分类,如图5-16所示。在这种类型的分类方案中,只有位于层级结构底层的类用于分类聚合与文件。

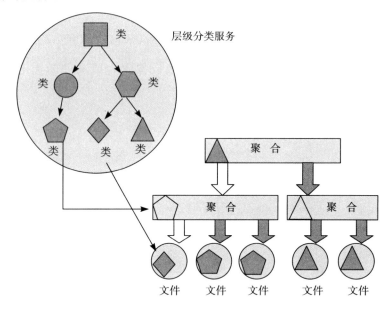

图 5-16　采用层级分类方案的分类服务

也可以使用其他类型的业务分类,如关键词 AAA,一种广泛使用的多层级结构功能分类方案,采用 ISO 2788 单语种主题词表(ISO 2788:1986:文档——单语种主题词表编制导则)。关键词使用附加的类内连接,如关联术语。为了便于不同市场领域、不同企业和机构采用不同的分类方案,MoReq2010 允许供应商在其 MCRS 解决方案中选择特定分类方案或多个分类方案,每种类型分类方案所特有的需求在不同分类模块中定义。

分类服务的功能需求包括:

(1)MCRS 必须将管理类的分类服务功能合并在分类方案中,分类方案需要与 MoReq2010 分类序列中一个模块保持一致。

(2)MCRS 必须允许授权用户创建新类,并至少具有以下元数据:

- 系统标识符。
- 创建时间戳。

- 形成日期/时间。
- 首次使用时间戳。
- 名称。
- 描述。
- 范围注释。
- 默认处置方案标识符。
- 销毁时间戳。

每个类还具有：

- 与该类相关的处置挂起。
- 实体历史。
- 访问控制清单。

并且可能还具有：

- 背景元数据。

（3）MCRS必须允许授权用户修改活动类的名称、描述和范围注释，以及任何背景的元数据。

（4）MCRS必须允许授权用户更改活动类的默认处置方案，这时MCRS必须将所有分类为该类的活动文件的默认处置方案替换为新的默认处置方案。

（5）MCRS必须允许授权用户删除从未用于分类的类。

（6）MCRS必须允许授权用户销毁活动类，如果该类没有与任何活动聚合或文件相关联。

（7）MCRS必须允许授权用户以下列方式浏览类和相关联的实体：

- 浏览分类服务中的所有类并检查其元数据
- 浏览类的默认处置方案并检查其元数据
- 浏览类的任何相关处置挂起并检查其元数据

（8）MCRS必须允许授权用户将指定类替换为另一个活动类，并应用于分类为该类的所有聚合和文件。

5.2.4 文件服务

文件服务（Record service）以不同等级的聚合来管理文件，每个聚合代表一个文件的组合或聚合的组合。文件聚集成聚合基于下述理由的全部或部分：

- 与相同的业务活动或处理相关。
- 具有相同的业务分类。
- 具有相同的主题或事由。
- 与相同的人员、地点、项目、案例、客户、事件相关。
- 具有共同的元数据。
- 具有相同的来源或格式。
- 由同一业务部门管理。
- 具有相同的接收者。
- 具有相同的访问控制安全等级。
- 具有相同的保留和处置条件。

由于聚合是有目的地将文件和其他具有确切背景的文件组织在一起，可以增强对文件的语义理解，如聚合可以作为一个整体进行主题描述。聚合也可以基于上述理由聚集成更高等级的聚合，包含文件的聚合可能属于包含聚合的聚合。最高等级的聚合就是文件服务本身，即 MCRS 中所有文件构成的一个聚合。ISO 23081 设想了一种层叠的聚合模型，可以超出文件系统或档案馆的范围，一个组织内所有文件管理系统中的文件都可以看作一个整体，进一步构成聚合，甚至还可以超出机构的范围。

将文件聚集成聚合也是出于文件管理的实际需要。聚合可能是出于被管理文件的处理因素或技术限制而确定的。系统的特殊性、存储位置和能力、安全访问控制和其他因素对聚合的实施、大小和管理有一定影响。

在文件服务中，不是任何聚合子聚合的聚合称为根聚合，根聚合的个数没有限制。这使得 MCRS 被设计为多用户时，不同机构或同一机构中的不同部门在管理不同聚合和文件时，不必引用相同文件服务中的其他聚合和文件。

在对聚合和文件进行管理时，需要注意的是，不能将文件与聚合作为同一层级，这样可以保证每个层级聚合的完整和独立标识，也能够使一致性管理策略可以统一地应用于每个层级的聚合。这一限制必然使文件不能在聚合之外创建，直接创建的文件将置于同一聚合中作为根聚合。如图 5-17 所示。

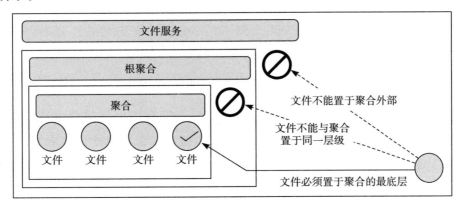

图 5-17　文件不能与聚合置于同一层级

聚合的一个基本优势是支持继承。子实体的一些特性可以继承其父聚合，如分类、访问控制、元数据等。分类可以应用于任何层级的聚合，默认情况下，每个子聚合或文件继承其父聚合的类。但也可以通过复写为聚合或文件指定另外的分类。尽管聚合提供了强大的功能和方便的文件管理，但聚合不可滥用。一般情况下，聚合的层级不宜超过 2 层。因此，MoReq2010 允许用户为每个根聚合设置最大层级数，以限制聚合层级的深度。

MoReq2010 中的每个实体都是自包含或原子的，这一特性支持互操作，并允许实体在不同文件系统之间传输。文件则更是如此。每个文件由其元数据、事件历史、成分和访问控制清单构成。特别的，文件的事件历史可以证实其创建之后发生的关键事件，从而提供文件的来源信息，是保障其真实性的重要因素。

在 MCRS 中，如果拷贝一份文件，但没有复制其事件历史，则拷贝件并不是完备的文件，因为其事件历史是从拷贝后开始的，如图 5-18 所示。

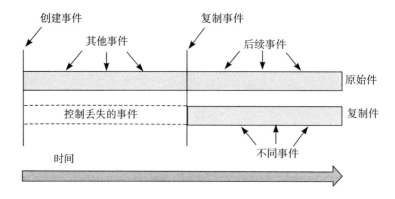

图 5-18　复制件与原始件具有不同的事件历史

基于这一原因，MoReq2010 对文件的复制没有作出任何规定，取而代之的是文件的重制（duplication）。重制除了创建一个和源文件具有相同元数据的新文件，还复制源文件的事件历史。重制文件和源文件完全相同，不能也没有必要把其中一个当作源文件，另一个当作复制件，两者都是原始文件，如图 5-19 所示。

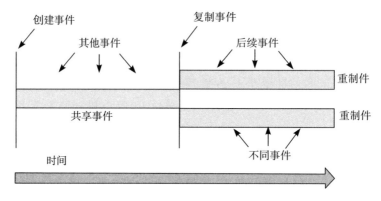

图 5-19　重制件具有重制之前相同的事件历史

MCRS 中重制文件的主要目的是允许相同文件可以出现在多个聚合中，这时每个重制文件具有其自身的权利、分类、处置方案、父聚合、成分实体、访问控制、事件历史、标题、描述和其他的元数据。重制文件时，MCRS 可以重制文件的内容，也可以使用指针系统，使每个重制件指向相同的文件内容。若不同重制件的内容均重制，则称其内容是"物理分离的"（physically discrete）；若使用指针，则文件内容称为是"逻辑分离的"

(logically discrete)。不论是物理分离,还是逻辑分离,销毁文件时,其他重制件及其内容完全不受影响。

MoReq2010 所说的"文件"实际上是"实体"(即 MCRS 存储的描述文件内容的元数据集合),因此,"文件"这一术语较抽象。MCRS 中文件的实际内容或数据与文件实体是分离的,可能存储在不同的数据库或地点。文件的内容形式多样,MoReq 在嵌入模块中规定文件内容的不同类型。文件内容的形式通常分为两类,即电子的和物理的。

MoReq2010 中,文件的内容可能由多个分离的来源构成,这些不同的来源甚至可能存储在不同的地点。文件和其内容的联系通过成分实体来实现,一个文件具有一个或多个成分,每个成分指向单个内容条目,如图 5-20 所示。由图可知,文件完全包含其成分,成分是其所属文件的完整组成部分,它们具有单独的访问控制,但和文件具有相同的访问等级。

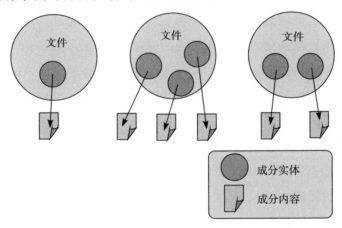

图 5-20 文件及其成分和内容的关系

不是所有的信息源都必然适合作为成分的内容,MoReq2010 定义了成分内容区别于其他一般信息的特征,即:

• 离散性。

离散性是指每个成分的内容是分离的,并且可以与其他成分的内容区别开来。文件不能共享成分,成分也不能共享内容。如果成分指向共享的信息源,则文件系统必须确保该信息源作为离散的内容进行管理,并只属于该成分。

·完备性。

完备性是指文件成分所指向的内容可以构成文件的全部,而无需依赖其他的外部资源。成分及其内容不能依赖存储在文件外部而未包含在文件内的成分或内容,文件内的成分则可以相互依赖。

·不变性。

不变性是指文件的内容自其创建之后不能被修改。文件的元数据或成分可以修改,但内容不能修改、替换或删除。为保证文件内容的不变性,许多文件系统将文件存储在自身的存储库中。然而,将机构所有文件捕获至一个存储库中,不可能也不可行。因此 MCRS 在保证不变性的前提下可以将文件存储在外部存储库中。

·可销毁性。

可销毁性是指当文件成分的内容被删除之后可以销毁文件。可销毁性和确保文件被正确销毁对文件管理来说是非常重要的,同时还必须保证文件的销毁必须根据其处置方案在正确的时间内执行。MCRS 可能不能自动执行文件的销毁,特别是**物理成分**,但也包括某些电子成分,在执行销毁时需要人工参与。

文件服务的功能需求包括:

(1)MCRS 必须允许授权用户创建活动聚合,并具有如下元数据:

·系统标识符。

·创建时间戳。

·生成日期/时间。

·首次使用时间戳。

·最近附加时间戳。

·类标识符。

·名称。

·描述。

·范围注释。

·关闭时间戳。

·销毁时间戳。

每个根聚合还应具有如下系统元数据：

• 最大聚合层级。

每个子聚合还应具有如下系统元数据：

• 父聚合标识符。

• 聚集时间戳。

所有聚合还应具有：

• 子实体（聚合或文件）。

• 与聚合相关的处置挂起。

• 事件历史。

• 访问控制清单。

可能具有：

• 背景元数据。

(2) MCRS必须允许依据需求(1)所创建的聚合是下列其一：

• 根聚合。

• 子聚合。

(3) MCRS必须允许授权用户修改活动聚合的名称、描述和范围注释，以及背景元数据。

(4) MCRS必须允许授权用户以下列方式为聚合分类：

• 移动所有对子聚合的直接分类，继承其父聚合的分类。

• 直接对聚合分类，替换原来的分类，复写其继承的类。

聚合一旦分类，若其子实体继承分类，MCRS必须确保子实体也被分类，文件的处置方案也必须更新，并与需求(15)保持一致。

(5) MCRS必须允许授权用户添加、修改或移去根聚合的最大聚合层级的值，前提条件是新值不小于现有值时。

(6) MCRS必须允许授权用户关闭或打开活动聚合，并确保仅当所有子聚合均关闭时才能关闭父聚合。当关闭的聚合满足下列条件时，应当立即被销毁：

• 聚合被用于聚集文件或聚合；

• 聚合的所有子实体（包括子聚合和文件）已经被销毁。

（7）MCRS必须允许授权用户删除不再用于聚集实体的聚合。

（8）所有聚合，包括根聚合，MCRS必须允许授权用户将其移动到：

·新聚合中，并保持原有的分类，前提条件是父聚合是活动的、已打开的，且不包含文件。若新聚合是根聚合，还不能超过其最大聚合层级数。

·新的父聚合，并采用新的父聚合的分类，前提条件是该父聚合是活动的、已打开的，且不包含文件。若新聚合是根聚合，还不能超过其最大聚合层级数。

·变为根聚合，并保持原有的分类。

（9）MCRS必须允许授权用户浏览和检查聚合，其方式至少包括以下其中的一种：

·浏览文件服务中的所有根聚合，并检查其元数据。

·浏览父聚合中的子聚合，并检查其元数据。

·浏览子聚合的父聚合，并检查其元数据。

·浏览聚合在分类服务中的类，并检查其元数据。

·浏览聚合的所有相关处置挂起，并检查其元数据。

（10）MCRS必须允许授权用户在活动并打开的聚合中创建活动的文件，该聚合应当不包含任何聚合。所创建的文件应当具有如下元数据：

·系统标识符。

·创建时间戳。

·生成日期/时间。

·名称。

·描述。

·复本标识符。

·父聚合标识符。

·聚集时间戳。

·类标识符。

·处置方案标识符。

·保存开始日期。

·处置活动代码。

- 处置活动预定日期。
- 处置确认预定日期。
- 处置过期警告时间戳。
- 最后评估说明。
- 最后评估时间戳。
- 传输时间戳。
- 销毁时间戳。

每个文件还具有：

- 一个或多个成分(components)。
- 与文件相关的处置挂起。
- 事件历史。
- 访问控制清单。

而且可能还具有：

- 背景元数据。

(11) MCRS必须允许授权用户修改活动文件的名称、描述，以及元数据。

(12) MCRS必须确保基于需求(10)创建的文件继承其父聚合的类，允许授权用户在文件创建时或其他任何时间对其重新分类：

- 直接分配活动类，替换原有分类，并复写继承自父聚合的分类。
- 移去文件的分类，使其继承父聚合的分类。

(13) MCRS必须允许授权用户将文件从父聚合中移至另一个活动并打开的、不包含任何聚合的聚合，同时：

- 保留文件原有的分类。
- 用新的父聚合的类替换文件的原有分类。

(14) 无论何时首次创建和分类活动文件，或者基于需求(4)、(8)、(12)、(13)被重新分类，MCRS必须确保文件始终继承与类相关的处置方案，除非处置方案基于需求(15)被复写。

(15) MCRS必须允许所有权用户改变活动文件的处置方案，可以通过下列方式之一：

- 将活动的处置方案直接应用于文件,并复写其继承自类的默认处置方案。
- 移去直接为文件分配的处置方案,继承类的默认处置方案。

（16）MCRS必须允许授权用户制作文件的复本,并包括：

- 系统元数据。
- 背景元数据。
- 访问控制清单。
- 事件历史。
- 成分（components）。
- 成分内容（component content）。

（17）MCRS必须允许授权用户浏览和检查文件,至少下述方式之一：

- 按照生成日期/时间的顺序浏览聚合中的文件。
- 浏览文件的父聚合,并检查其元数据。
- 浏览文件的类,不论该类是继承的还是直接分配的,同时检查其元数据。
- 浏览文件的处置方案,不论该处置方案是继承的还是直接分配的,同时检查其元数据。
- 浏览与文件相关的处置挂起,并检查其元数据。
- 浏览文件的成分,并检查成分的元数据。
- 浏览成分所属的文件,并检查其元数据。

（18）MCRS必须允许授权用户检索并发现：

- 指定类的聚合和(或)文件。
- 指定处置方案的文件。

（19）MCRS必须确保所有基于需求（10）创建的文件具有一个或多个成分,并至少具有下述系统元数据：

- 系统标识符。
- 创建时间戳。
- 生成日期/时间。
- 文件标识符。

- 名称。
- 描述。
- 复本标识符。
- 自动删除标志。
- 销毁时间戳。

每个成分还具有：

- 内容（存储在内容库中）。
- 事件历史。

而且可能还具有：

- 背景元数据。

(20)MCRS 必须允许授权用户活动成分的名称和描述，以及任何背景元数据。

(21)无论 MCRS 在何时生成成分的事件，必须在事件的元数据中包含文件标识符，使该事件既在成分的事件历史中，又在成分所属文件的事件历史中。

5.2.5 元数据模型服务

元数据模型服务（Model metadata service）定义了文件的元数据集。MoReq2010 定义了一个简单的元数据元素集，也称为最小元数据元素集，是 MCRS 管理文件、使用 MoReq2010 输出数据格式将文件传输到其他文件系统时所需要的元数据元素集。在整个规范中称为"系统元数据"，代表了执行 MoReq2010 功能需求所必需的元数据。

除了系统元数据，文件系统也可以为文件和相关实体添加元数据，以丰富其历史和处理背景。这些元数据在管理文件时可以带来额外的便利之处，包括但不限于：

- 未在名称或描述中表达的额外描述信息。
- 外部标识符或参考数据。
- 从文件内容中提取的编码信息。
- 由机构个别使用的或在特定法律法规背景下的标记。

- 工作流状态,如检查文件时,检查者的姓名、检查结果和检查日期。
- 从其他业务系统中捕获的元数据。
- 从文件成分中提取的元数据。
- 利用者和组织。

在 MoReq2010 中,这些额外的元数据称为"背景元数据",因为这些元数据只应用于特定的、局部的情形,或只应用于个别的文件系统。

元数据模型服务管理实体类型和与之相关的元数据元素定义,该服务可以被若干文件系统,甚至是业务系统使用和共享,或者完全嵌入特定的文件系统中。

元数据模型服务中主要实体之间的联系如图 5-21 所示。每个实体必须属于一个且仅一个 MoReq2010 定义的实体类型,实体和实体类型通过适当的服务来进行管理。每个实体由元数据元素构成,实体的系统元数据元素是 MoReq2010 强制要求的,也可以添加额外描述的元数据元素,即背景元数据元素。所有元数据元素可以在实体创建时添加,也可以在以后的管理过程中添加。每个实体都具有多个元数据元素,这些元数据元素仅属于该实体。元数据元素由元数据元素定义确定,MoReq2010 提供了系统元数据元素定义,而背景元数据元素定义则由授权用户创建,并包含在模板中,应用于特定实体类型的实体。如果模板被指定为某个实体类型的服务模

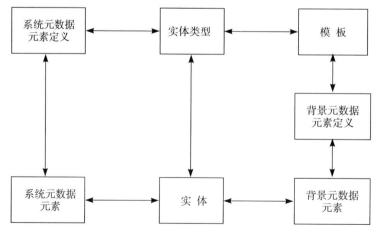

图 5-21　元数据模型服务中的实体联系

板,则该类型的实体创建后,MCRS会自动将模板中的元数据元素应用于该实体。模板也可仅应用于授权用户选择的实体,或者仅限于文件和聚合,将其分类为与某个文件类型相关的特定类。

元数据模型服务的功能需求包括:

(1)每个元数据服务必须管理元数据元素定义,具有下述系统元数据:

- 系统标识符。
- 名称。
- 描述。
- 范围注释。
- 显示顺序。
- 最小出现次数。
- 最大出现次数。
- 是否可修改标志。
- 是否实体引用标志。
- 实体引用类型标识符。
- 数据类型。
- 是否文本标志。
- 默认值。
- 默认语言标识符。
- 销毁时保留标志。

元数据元素定义还具有:

- 事件历史。
- 访问控制清单。

(2)MCRS必须允许授权用户基于需求(1)创建背景元数据元素定义,并包括下述附加系统元数据:

- 创建时间戳。
- 生成日期/时间。
- 首次使用时间戳。
- 销毁时间戳。

(3)MCRS必须确保对每个基于需求(2)创建的新背景元数据元素定义,授权用户应指明该元数据元素的目的是:

·通过存储其系统标识符指向一个实体,或基于 XML 数据类型指定的一个有效数据值。

(4)MCRS必须确保对于每个基于需求(2)创建的新背景元数据元素定义,授权用户应指明该元数据元素的最小出现次数和最大出现次数。

(5)MCRS必须确保为每个元数据元素定义给定唯一的显示顺序。

(6)对于每个活动的元数据元素定义,除了包含系统标识符或时间戳的系统元数据元素之外,MCRS必须允许授权指定若所属的实体销毁后,元数据元素定义是否保留。

(7)MCRS必须允许授权删除残留实体的除包含系统标识符或时间戳的系统元数据元素之外的任何元数据元素,前提条件是用户提供删除理由并生成事件。

(8)MCRS必须允许授权用户修改活动元数据元素定义(包括系统元数据元素定义)的下列元数据:

·名称。

·描述。

·范围注释。

·显示顺序。

·默认值。

·默认语言标识符。

MCRS必须确保对默认值的修改始终与元数据元素定义的数据类型一致。

(9)除需求(8)外,MCRS必须允许授权用户修改从未应用实体的活动背景元数据元素定义的下列元数据:

·最小出现次数。

·最大出现次数。

·是否可修改标志。

·是否实体引用标志。

- 实体引用类型标识符。
- 数据类型。
- 是否文本标志。

(10) MCRS必须允许授权用户删除从未应用于实体的背景元数据元素定义。

(11) MCRS必须允许授权用户销毁背景元数据元素定义。MCRS必须确保若背景元数据元素定义销毁,则:

- 不再创建和应用与该背景元数据元素定义相关的元数据元素。
- 已应用于实体的与该背景元数据元素定义相关的元数据元素仍然保留,但其值不可再更改。

(12) MCRS必须允许授权用户浏览元数据服务中的元数据元素定义和模板,以及各自服务中的实体类型,并以下列方式检查其元数据:

- 按照显示顺序浏览元数据服务中的所有元数据元素定义,并检查其元数据。
- 浏览元数据服务中的所有模板,并检查其元数据。
- 浏览从系统元数据元素定义到包含该系统元数据元素定义的任意实体类型,并检查其元数据。
- 对每个实体类型,浏览从实体类型到与该实体类型相关的系统元数据元素定义。
- 浏览从背景元数据元素定义到包含该背景元数据元素定义的任意模板。
- 浏览从模板到与该模板相关的任意背景元数据元素定义。
- 浏览从模板到与该模板相关的任意实体类型。
- 对每个实体类型,浏览从实体到与该实体相关的模板。

(13) 一旦元数据元素在实体创建时添加到该实体,或模板应用于现有实体,或在任何时刻修改元数据元素的值,MCRS必须确保遵守下列规则:

- 若元数据元素定义中提供了默认值,元数据元素必须初始化为该值。
- 元数据元素的值不可与元数据元素定义中的数据类型不一致。
- 如果元数据元素包含对实体的引用(由元数据元素定义中的是否实

体引用标志的值确定),则其值必须是一个有效的系统标识符,该标识符所属的实体类型由实体引用类型标识符确定。

• 如果元数据元素是文本型的(由元数据元素定义中的是否文本标志确定),则必须同时具有语言标识符,默认情况下其值为元数据元素定义的默认语言标识符。

• 元数据元素不可少于元数据元素定义中最小出现次数的值;

• 元数据元素不可多于元数据元素定义中最大出现次数的值;

• 元数据元素一经创建并赋值,若元数据元素定义的是否可修改标志的值为否,MCRS必须防止用户修改元数据元素的值。

• 若元数据元素的定义已销毁,MCRS必须防止用户修改元数据元素的值。

(14) MCRS必须允许授权用户创建活动模板,并至少具有下列系统元数据:

• 系统标识符。

• 创建时间戳。

• 生成日期/时间。

• 首次使用时间戳。

• 名称。

• 描述。

• 模板实体类型标识符。

• 模板服务标识符。

• 模板类标识符。

• 背景元数据元素定义标识符。

• 销毁时间戳。

每个模板必须还具有:

• 事件历史。

• 访问控制清单。

而且可能具有:

• 背景元数据。

(15) MCRS必须允许授权用户修改活动模板的下列元数据：

- 名称。
- 描述。
- 模板实体类型标识符。
- 模板服务标识符。
- 模板类标识符。
- 背景元数据元素定义标识符。
- 任何背景元数据元素。

(16) MCRS必须允许授权用户删除从未应用于实体的模板。

(17) MCRS必须允许授权用户销毁活动模板，避免其应用于实体，若该模板曾应用于某个实体。

(18) MCRS必须在实体创建后自动应用活动模板，其情形包括：

- 在某个服务或一批服务中创建实体，存在相同实体类型的服务模板，由模板服务标识符和模板实体类型标识符共同指定。
- 实体作为聚合创建并分类，存在一个或多个聚合模板，由模板服务标识符和模板实体类型标识符共同指定。
- 实体作为文件创建并分类，存在一个或多个文件模板，由模板服务标识符和模板实体类型标识符共同指定。

(19) MCRS必须允许授权用户在任何时候将活动模板应用于实体，前提条件是实体类型与模板实体类型标识符相匹配。

(20) MCRS必须确保元数据元素一旦基于需求(18)或需求(19)添加到实体，只要实体是活动的，就不能删除这些元数据元素。

5.2.6 处置方案服务

处置方案(Disposal scheduling)是所有MCRS解决方案对文件整个生命周期内的管理。文件一旦在MCRS中创建，就不能完全将其抹除，即使删除文件及其成分，但仍保留残留文件以表明MCRS曾拥有过该文件。残留文件在MCRS的生命周期内一直保留，不仅证明该文件曾存在过，而且更重要的是，证明该文件是按照适当的处置方案处置的。从具有完整元数据、事件历史和内容的实体转变为残留实体,称为"销毁",并区别于"删除"(实体的所有痕迹均被移除)。MoReq2010 也将此概念应用于文件之外的实体,如聚合、分类、处置方案等。销毁是不可逆的,因为实体的某些部分会被彻底抹去,以确保实体不能再转变为活动状态。图 5-22 是文件生命周期的简单演示,这里仅考虑两个事件:文件创建和文件销毁。

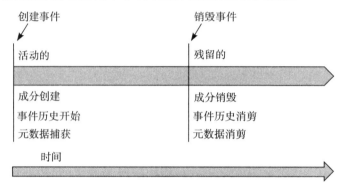

图 5-22　文件生命周期简略图示

如图 5-22 所示,当活动文件创建时,其成分和成分内容同时创建,并捕获文件及其成分的元数据,文件的事件历史也随着创建事件而开始。当活动文件被销毁时,其元数据和事件历史被修剪,其成分的元数据和历史事件也一同被修剪,更重要的是,文件的成分内容则被删除。剩余的文件元数据和事件历史构成残留文件和其残留成分。修剪是一个重要的处理,可以确保文件内容被正确地销毁,特别是当这些事件和元数据可以反映文件原始内容的信息,或可以用于部分(或全部)重建销毁的内容。也可以从残留文件中修剪事件和元数据。

修剪元数据和事件的另外一个原因是基于存储能力的考虑。

处置方案对管理文件而言是至关重要的,因为 MoReq2010 规定,MCRS 中的文件必须根据其处置方案来执行销毁。是文件的处置方案决定文件应当保存多长时间,以及保管期满后应当如何处置,因此,所有文件都必须具有处置方案。由于处置方案必须遵循 MoReq2010 相关规定,因此处置方法也千差万别。处置方案可能会要求永久保管文件,也可能会要求立即销毁文件,还有的处置方案要求文件保管期满后重新鉴定,这些都会导致不同的处置行为。MoReq2010规定处置方案的结果必须是下述四种情形之一：

- 永久保管。
- 期满后鉴定。
- 期满后移交。
- 期满后销毁。

处置方案必须确定保管期限，如天数、周数、月数或年数。保管期限开始于特定的保管开始日期，该日期由保管触发事件定义。保管触发事件可以与单个文件关联，也可以与文件所在的聚合关联。若机构倾向于管理整个聚合并作为整体进行处置，则应当为处置方案指定聚合关联保管触发器，且应当避免对聚合中的文件个别分类。与聚合关联的保管触发器包括：

- 自聚合形成日期。
- 自聚合最近添加日期。
- 自聚合关闭日期。
- 自聚合背景元数据元素指定日期。

与此相对应，下述保管触发器仅与单个文件相关联：

- 自文件形成日期/时间；
- 自文件添加到聚合的日期；
- 自文件背景元数据元素指定日期。

下述保管触发器则既可应用于单个文件，又可应用于聚合：

- 永久保管（无保管触发器）。
- 自当前日期。
- 自最后检查日期。

若文件的处置方案发生变化，则其保管开始日期必须重新计算，或者更新保管触发器指定的日期。如：

- 因对文件重新分类，替换了其默认处置方案。
- 因将文件移至新的聚合，替换了其默认处置方案。
- 对文件直接应用新的处置方案。

此外，下述情形也会导致重新计算文件的保管开始日期：

- 改变文件的形成日期/时间。
- 文件所在的聚合关闭。
- 修改聚合的背景元数据元素。

除了处置行为、保管触发器和保管期限外,处置方案还必须指定确认期限(confirmation period),确认期限表明执行处置行为的允许时间期限。不同机构的确认期限各不相同,不同处置方案的确认期限也不同。若超过确认期限,处置行为尚未完成,MCRS 将向授权用户发送警告,以表明相关文件处置延期。

某些 ERMS 需求规范,包括 MoReq 的以前版本,允许两个或更多处置方案同时应用于相同文件,这时需要确定哪一个更重要并采用。MoReq2010 则规定不论何时,有且仅有一个处置方案应用于文件。文件最初处置方案是应用其所属类的默认处置方案,默认处置方案可由授权用户用新的处置方案直接复写,处置方案的复写可以反复进行下去,前提条件是文件只能有一个处置方案。

处置方案服务的功能需求包括:

(1)MCRS 必须允许授权用户创建新的处置方案,并具有下述系统元数据:

- 系统标识符。
- 创建时间戳。
- 生成日期/时间。
- 首次使用时间戳。
- 名称。
- 描述。
- 授权者。
- 范围注释。
- 处置行为代码。
- 保管触发器代码。
- 保管触发器元素标识符。
- 保管期限间隔代码。

- 保管期限跨度。
- 保管期限偏移代码。
- 保管期限偏移月份代码。
- 确认期限间隔代码。
- 确认期限跨度。
- 销毁时间戳。

每个处置方案还具有：

- 事件历史。
- 访问控制清单。

而且可能还具有：

- 背景元数据。

(2)MCRS必须允许处置行为代码设置为下述值之一：

- 永久保管。
- 鉴定。
- 移交。
- 销毁。

一旦处置行为代码设置为永久保管,MCRS必须确保处置方案不包含下列所有元数据元素：

- 保管触发器代码。
- 保管触发器元素标识符。
- 保管期限间隔代码。
- 保管期限跨度。
- 保管期限偏移代码。
- 保管期限偏移月份代码。
- 确认期限间隔代码。
- 确认期限跨度。

若处置行为代码的值不是永久保管,MCRS必须确保处置方案至少包含下列系统元数据元素：

- 保管触发器代码。

- 保管期限间隔代码。
- 保管期限偏移代码。
- 确认期限间隔代码。
- 确认期限跨度。

（3）若处置方案中包含保管触发器代码，则MCRS必须允许其值设置为下列之一：

- 自当前。
- 自最后鉴定日期。
- 自文件生成日期。
- 自聚合生成日期。
- 自添加至聚合日期。
- 自最后添加至聚合日期。
- 自聚合关闭日期。
- 自文件元数据日期。
- 自聚合元数据日期。

一旦将保管触发器代码的值设置为自文件元数据或自聚合元数据，MCRS必须确保处置方案元数据始终包含保管触发器元素标识符。若保管触发器代码设置为其他值，则处置方案元数据不能包含保管触发器元素标识符。

（4）MCRS不得将保管触发器代码为自最后鉴定日期的处置方案作为默认处置方案与类相关联。同样，MCRS也不得将其直接应用于任何从未鉴定过的文件，除非是在鉴定结果确认期间。

（5）若处置方案包含保管期限间隔代码，MCRS必须将其值设置为下列其一：

- 无保管期限。
- 天数。
- 周数。
- 月数。
- 年数。

一旦将保管期限间隔代码设置为无保管期限,MCRS必须确保保管方案不包含下列元数据中的任意一个:

- 保管期限跨度。
- 保管期限偏移代码。
- 保管期限偏移月份代码。

一旦保管期限间隔代码没有设置为无保管期限,MCRS必须确保保管方案至少包含下列系统元数据元素:

- 保管期限跨度。
- 保管期限偏移代码。

(6)若处置方案包含保管期限偏移代码,MCRS必须将其值设置为下列其一:

- 无偏移。
- 下个月开始。
- 下个季度开始。
- 指定月份开始。

若保管期限偏移代码设置为无偏移或下个月开始,MCRS必须确保处置方案不包含保管期限偏移月份代码。若其值设置为下个季度开始或指定月份开始,则必须包含保管期限偏移月份代码并赋值。

(7)若处置方案包含确认期限间隔代码,MCRS必须将其值设置为下列其一:

- 天数。
- 周数。

确认期限跨度必须设置为大于0的值。

(8)MCRS必须允许授权用户修改处置方案的下列元数据:

- 名称。
- 描述。
- 授权者。
- 范围注释。
- 任何背景元数据元素。

(9)除需求(8)之外，MCRS必须允许授权用户修改从未应用于文件的处置方案的下列元数据：

- 处置行为代码。
- 保管触发器代码。
- 保管触发器元素标识符。
- 保管期限间隔代码。
- 保管期限跨度。
- 保管期限偏移代码。
- 保管期限偏移月份代码。
- 确认期限间隔代码。
- 确认期限跨度。

(10)MCRS必须允许授权用户删除从未应用于文件的处置方案，前提条件是该处置方案没有作为默认处置方案与活动类相关联。

(11)MCRS必须允许授权用户销毁活动处置方案，前提条件是该处置方案没有应用于活动文件，并且不是活动类的默认处置方案。

(12)MCRS必须允许授权用户浏览处置方案服务中的处置方案，并检查其元数据。

(13)MCRS必须允许授权用户替换应用于活动文件和活动类的处置方案。

(14)MCRS必须根据授权用户的需求更新文件的处置状态。或者是即时的，或者是周期的但至少当天完成，MCRS必须更新活动文件的处置状态。

(15)一旦超过处置确认到期日期，聚合或文件的处置行为尚未执行并确认，MCRS必须向授权用户发送警告。

(16)MCRS必须允许授权用户浏览并检查所有准备处置的活动文件，并通过下列方式对文件进行排序和分组：

- 分类。
- 聚合，包括父聚合和更高等级的聚合。
- 处置方案。

- 处置行为代码。
- 处置行为到期日期。
- 处置确认到期日期。

(17)对于处置行为代码为鉴定且已到处置行为到期日期的文件,MCRS必须允许授权用户完成鉴定,应用新的处置方案,并提供下列对象的鉴定结果:
- 单个需要鉴定的文件。
- 所有需要鉴定文件的指定集合。
- 指定处置方案的所有需要鉴定的文件。
- 指定聚合(包括父聚合和更高等级的聚合)中的所有需要鉴定的文件。
- 指定类的所有需要鉴定的文件。

(18)对于处置行为代码为移交且已到处置行为到期日期的文件,MCRS必须允许授权用户取消移交,对于处置行为代码为销毁但需要确认的文件取消销毁,包括:
- 单个需要移交或销毁的文件。
- 指定所有需要移交的文件的分组。
- 指定所有需要销毁的文件的分组。
- 指定处置方案的所有需要移交的文件。
- 指定处置方案的所有需要销毁的文件。
- 指定聚合(包括父聚合和更高等级的聚合)中的所有需要移交的文件。
- 指定聚合(包括父聚合和更高等级的聚合)中的所有需要销毁的文件。
- 指定类的所有需要销毁的文件。

MCRS必须允许在处置行为到期日期之后的任何时间,取消需确认的移交或销毁文件。

(19)MCRS必须允许授权用户确认移交的文件在处置到期日期时已经完成移交,包括:

• 单个需要移交的文件。

• 指定所有需要移交的文件的分组。

• 指定处置方案的所有需要移交的文件。

• 指定聚合(包括父聚合和更高等级的聚合)中的所有需要移交的文件。

• 指定类的所有需要移交的文件。

(20)对于处置行为代码为销毁且已到处置到期日期的文件,MCRS必须检查其所有成分是否被自动删除。若一个或多个成分未被标记为自动删除,MCRS必须设置确认期限,允许授权用户确认销毁是否完成。MCRS必须允许授权用户确认删除下列对象的成分:

• 单个需要销毁的文件。

• 指定所有需要销毁的文件的分组。

• 指定处置方案的所有需要销毁的文件。

• 指定聚合(包括父聚合和更高等级的聚合)中的所有需要销毁的文件。

• 指定类的所有需要销毁的文件。

如果 MCRS 能够自动删除文件成分的所有内容,或确认文件所有成分已删除,MCRS 必须确保已销毁活动文件及其成分,只剩余包含残留成分的残留文件。

(21)作为处置过程的组成部分,MCRS必须检查处置行为代码为销毁且未到处置行为到期日期的文件是否应用了处置挂起。若是,MCRS必须将文件的处置行为代码更改为因挂起保管,并删除处置行为到期日期和处置确认到期日期,直到文件无处置挂起或处置方案被替换。

(22)随着文件销毁,MCRS必须销毁不包含活动文件的聚合,前提条件是该聚合已关闭。

(23)一旦授权用户确认指定聚合中的文件已销毁,MCRS必须允许用户关闭聚合,包括其所有子聚合。

(24)MCRS不得允许更改应用于残留文件的处置方案。

5.2.7 处置挂起服务

处置挂起服务(Disposal holding service)是根据法律或其他行政命令，暂停或终止正常处置流程，防止文件被销毁。MCRS 中的处置挂起与文件、聚合和类等实体相关联。

若处置挂起与单个文件相关联，则防止文件被销毁，一旦取消处置挂起，文件的处置流程继续进行。若处置挂起与聚合相关联，则防止聚合和继承聚合中的文件被销毁，包括处置挂起生效后新添加到聚合中的文件。但文件从聚合中移出后，则处置挂起失效，除非对文件单个的应用处置挂起。若处置挂起与类相关联，则防止分类为该类的文件被销毁。

只要处置挂起有效，就不能销毁与之相关联的文件和聚合。只有销毁处置挂起，才能继续处置行为的执行。处置挂起的销毁，有时也称为"抬起"处置挂起。授权用户也可以取消文件、聚合和类与处置挂起的关联，这一操作仅限于改正这些实体错误应用的处置挂起。抬起处置挂起则没有必要再取消实体与处置挂起的关联。处置挂起一旦被抬起，则被销毁并成为残留处置挂起，这个过程是不可逆的。若处置挂起被错误抬起，则必须创建新的处置挂起，并将其与相同实体相关联。

处置挂起服务的功能需求包括：

(1)MCRS 必须允许授权用户创建活动处置挂起，并具有下列系统元数据：

- 系统标识符。
- 创建时间戳。
- 生成日期/时间。
- 首次使用时间戳。
- 挂起文件标识符。
- 挂起聚合标识符。
- 挂起类标识符。
- 名称。
- 描述。

- 授权者。
- 范围注释。
- 销毁时间戳。

每个处置挂起还具有：

- 事件历史。
- 访问控制清单。

而且可能具有：

- 背景元数据。

（2）MCRS必须允许授权用户更改活动处置挂起的元数据，包括名称、描述、授权者、范围注释和任何背景元数据。

（3）MCRS必须允许授权用户将活动处置挂起与文件、聚合和类相关联，或取消关联。

（4）MCRS必须防止文件被销毁，如果该文件满足下列条件之一：

- 直接与处置挂起相关联。
- 包含在与处置挂起相关的聚合中。
- 分类为与处置挂起相关的类。

（5）MCRS必须允许授权用户删除从未与文件、聚合和类相关联的处置挂起。

（6）MCRS必须允许授权用户销毁处置挂起，以允许执行文件销毁。

（7）MCRS必须允许授权用户浏览处置挂起服务中的处置挂起和其他服务中相关联的实体，并检查其元数据，以下列方式之一：

- 浏览处置挂起服务中的所有处置挂起，并检查其元数据。
- 根据处置挂起，浏览与之相关联的文件、聚合或类，并检查其元数据。

5.2.8 检索和报告服务

用户有两种方法可以发现MCRS中的实体：一是从一个实体到与之相关的实体（如，从父实体到其子实体，从聚合到其类，从用户到其用户组，从文件到其成分）；二是用特定检索查询来检索实体。经验表明在拥有大量实体的文件系统中发现实体，查询更具可伸缩性。在某些文件系统中，检索也能让用户发现因访问控制设置不能通过浏览访问的实体。如,用户有权限检查子实体,但没有权限检查父实体。这时用户就不能通过浏览子实体而访问父实体。通常情况下,用户会将两种方法结合起来使用。通过将满足检索条件的实体检索出来,再通过浏览对检索结果进行提炼。MoReq2010要求所有文件系统必须具有检索引擎,以根据元数据元素的值查找实体。核心需求并未要求 MCRS 必须提供文件内容检索的能力,但许多供应商将提供特定文件内容类型的检索能力。MCRS 的一个重要的非功能需求是检索结果的一致性和完备性。如果同一用户多次执行相同的检索,假定底层数据没有改变,则 MCRS 应当提供相同的检索结果。

MoReq2010 没有指定供应商在其 MCRS 解决方案中如何实现检索,但规范要求了对各种检索方法的最小支持。MCRS 必须:

- 能够通过任何系统或背景元数据检索实体,包括事件。
- 能够定义检索条件以匹配任何元数据元素定义的数据类型,包括系统元数据和背景元数据。
- 能够支持全文本检索,并且使用相同检索词,只需键入一次就可同时检索所有文本型的元数据元素。
- 能够根据不同检索条件的组合检索指定的元数据元素。
- 能够组合检索结果以执行复杂检索。

MoReq2010 区别了两种不同的基于文本的元数据元素。一种是文本型的元数据元素,即以自然语言表述的信息或解释文本,如名称、描述和评价。文本型元数据元素必须和语言标识符同时存在。另一种是基于文本的、但不以特定语言表述的元数据元素,通常以标识符或代码等形式表示。

MoReq2010 要求文本型元数据能够以全文本进行检索,即以整词检索,而不是元数据元素值的部分字符。诸如 Google 的现代互联网检索引擎就是全文本检索的例子。全文本检索技术非常复杂,如根据替代拼写、不同时态或各种前缀与后缀等。MoReq2010 没有指定全文本检索的复杂度水平,但是要求元数据元素所使用的语言,能够使用适当的检索引擎以实现这些类型的检索。

MCRS 还必须提供检索非文本元数据元素的方法,这些可能是基于文本的,或是数字、时间戳、其他实体的引用等。

用户检索 MCRS 是为了发现满足检索条件的实体,因此,检索结果总是以实体列表显示。MoReq2010 规定检索结果是用户可配置的,即用户可对实体列表进行排序,并确定显示实体的哪些元数据元素。但检索结果不包括用户没有访问权限的实体。用户可以保存检索结果以备以后使用,但 MoReq2010 并不将其作为可管理的实体,即检索结果没有实体类型定义,也没有与之相关的元数据元素,也不和其他文件系统共享。

MoReq2010 要求 MCRS 支持两种检索结果的报告,即详细报告和汇总报告。详细报告根据单个检索查询,返回检索结果中每个实体的元数据子集,通常以表格的形式显示结果,但不同于将所有检索结果汇总在一个文档中的报告格式。与之相对应,汇总报告基于多个检索查询,显示每个检索查询的实体总数,而不是单个检索结果的实体列表。MoReq2010 都没有规定这两种报告的具体格式。和保存检索结果一样,也可以保存检索报告,以备以后使用。同样,保存的检索报告也无需实体类型定义或与其他文件系统相互传输。

检索和报告服务(Searching and reporting service)的功能需求包括:

(1)MCRS 必须允许用户使用检索查询发现有权限浏览或检查的实体。

(2)MCRS 必须允许用户将检索结果限制为某种或某些实体类型。

(3)MCRS 必须允许用户指定检索查询为对所有文件型元数据元素的单一全文本检索。

(4)当执行全文本检索,MCRS 必须计算检索结果中实体的相关度。

(5)MCRS 必须允许用户将检索查询指定为由一个检索条件或多个组合构成,每个检索条件针对一个特定系统或用户提供的背景元数据元素的值。

(6)MCRS 必须允许用户为任何数据类型的元数据元素指定检索条件。

(7)MCRS 必须允许用户在基于全文本检索时为文本型元数据指定检索条件。

(8)MCRS 必须允许用户为日期、日期/时间和时间戳元数据指定检索条件,以下列方式:

- 在特定日期、日期/时间或时间戳之前。
- 在特定日期、日期/时间或时间戳之后。
- 特定日期。
- 当天。
- 昨天。
- 明天。
- 本周。
- 上一周。
- 下一周。
- 本月。
- 上月。
- 下月。
- 本季度。
- 上季度。
- 下季度。
- 当年。
- 上一年。
- 下一年。

（9）MCRS必须允许授权用户为检索和报告服务设置一周中的第一天、一年中的第一月和第一季度。

（10）当执行基于时间戳的检索时，MCRS必须考虑用户所在时区的因素，以准确查找到指定时间段或指定日期内的元数据值。

（11）MCRS必须允许用户为数据型元数据指定检索条件，并按照下列方式匹配：
- 相等。
- 大于。
- 小于。

（12）MCRS必须允许用户为逻辑型元数据指定检索条件，即检查元素的值为真或假。

(13)MCRS必须允许用户为包含系统标识符的元数据元素指定检索条件,检索结果与用户提供的实体匹配。

(14)MCRS必须允许用户为继承自聚合的文件、聚合和成分指定检索条件。

(15)MCRS必须允许用户使用逻辑运算符"且 AND""或 OR""非 NOT"组合不同检索条件,并可通过括号等方法改变运算次序。

(16)MCRS必须允许用户对若干检索结果进行组合、连接或合并以答复复杂检索请求。

(17)默认情况下,MCRS必须在检索结果中仅包括活动实体,除非用户指定在检索结果中包括活动和残留实体。

(18)MCRS必须允许用户初始化检索,以指定:

- 检索结果中包含哪些元数据元素。
- 检索结果中是否包含每个实体的实体类型。
- 是否包含需求(4)计算的相关度。
- 是否均包含活动实体和残留实体。
- 是否根据相关度(如果包含)对检索结果排序,若不是则。
- 根据哪个(些)元数据元素对检索结果排序。

(19)若检索结果的数据量过大,MCRS必须对检索结果分页,或者只提供所有检索结果的一部分,若用户需要,再提供剩余的部分。

(20)作为检索结果的一部分,MCRS必须提供符合检索请求的实体总数,实体总数必须不包括需求(21)排除在外的实体。

(21)MCRS绝不允许用户检索、浏览或其他方式访问没有访问权限的实体及其元数据,所有这些实体必须排除在检索结果之外。

(22)一旦用户执行检索,MCRS必须生成事件并将其包含在用户实体的事件历史中。该事件必须包含所执行检索请求的描述和查找到的实体总数。

(23)MCRS必须允许授权用户保存、修改、删除和共享检索请求。

(24)MCRS必须允许授权用户根据检索请求,以通用报告格式生成详细报告,并包含下列配置的条目:

- 用户提供的报告题头。
- 报告生成的日期和时间。
- 页数。
- MCRS 和检索与报告服务生成报告的细节。
- 用户生成报告的细节。
- 对生成报告的检索请求的描述。
- 检索结果总数。
- 列数和列标头。

(25)MCRS 必须允许授权用户根据多个检索请求生成汇总报告,并包含下列配置的条目:

- 用户提供的报告题头。
- 报告生成的日期和时间。
- 页数。
- MCRS 和检索与报告服务生成报告的细节。
- 用户生成报告的细节。
- 对每个用于生成报告的检索请求的描述。
- 每个检索请求的检索结果总数。

(26)一旦用户生成详细报告或汇总报告,MCRS 必须生成事件并包含在用户实体的事件历史中,事件说明中必须包含所执行检索的描述和查找到的实体总数。

(27)MCRS 必须允许授权用户保存、修改、删除和共享详细报告和汇总报告。

5.2.9 导出服务

在 MoReq2010 中,导出是以通用的 XML 数据格式,充分描述 MCRS 中的实体,从而可以保存实体的元数据值、事件历史、访问控制和内容,并传输到其他 MCRS 中。和导出互为补充的操作是导入。导入是 MCRS 接收其他 MCRS 导出的 MoReq2010 格式的 XML 数据,并使用这些数据创建新的实体,新建实体可以和原来实体一样被访问和管理。理想情况下,导出和导入应当都是"无损"的操作,即实体的重要特征、内容和背景都没有丢失。在不同 MCRS 之间导入和导出实体,且没有造成业务背景的丢失,在 MoReq2010 中称为具有"互操作性"。

从 MCRS 中导出实体的原因包括:

• 移交,即实体交由不同的系统、机构或档案馆管理。移交大多数情况下是处置方案的处置处理的结果,如处置方案服务所描述。

• 迁移,即在机构内部,实体从一个 MCRS 转移到另一个 MCRS 进行管理。

• 辅助托管,即实体定期复制到一个或多个辅助的且可能只读的系统中。若辅助托管采用这种方式定期更新,则仅当实体存在差异时,才需要从源系统中导入。

• 复制,即提供一从拷贝,以引用或安全保存 MCRS 中的内容,复制以非专有的且易于理解的格式,可传输到其他文件系统中。

MoReq2010 导出服务(Export service)的目的是导出完整无损的实体,包括其元数据、事件历史、访问控制和内容。若存在相关实体提供被导出实体的背景信息,则必须一并导出,其中部分实体作为占位符导出,从而确保实体的所有背景在不同系统之间传输。但有些文件系统对导出的要求则不同,在导出时可能只需要部分元数据、事件历史、访问控制或部分相关实体,这在 MoReq2010 中称为"部分导出"。部分导出是有损的,因为导出的数据不完整。尽管如此,部分导出仍然可以应用于特定业务情形,如,作为临时拷贝的一种方法或文件的汇总集合。但一般情况下,好的文件管理系统应当尽量避免部分导出。因为实体的有损传输会导致重要属性和业务背景丢失,而这些信息以后可能会需要。同时文件系统的内部一致性也无法保证,特别是在长期保管过程中。因此,尽管供应商可以提供部分导出作为其产品的附加功能,但 MoReq2010 不要求部分导出,也不测试其标准符合性。

MCRS 中实体间的联系非常多,MoReq2010 要求每个导出的实体必须包含背景,即关于实体的信息及相关实体也必须同时导出。出于导出的目的,实体的全部背景包括:

• 系统元数据元素及其值。

- 背景元数据元素及其值。
- 在这些元数据元素中通过系统标识符引用的相关实体。
- 重要实体,如文件的处置方案,不论是否通过系统标识符直接引用。
- 包含的实体,如文件的成分、用户组中的用户或聚合中的文件。
- 实体的访问控制清单和访问控制入口。
- 相关实体和重要实体的访问控制清单和访问控制入口。
- 访问控制入口引用的用户、用户组和角色。
- 实体事件历史中的事件。
- 每个实体元数据元素中系统标识符引用的实体。

导出实体时包含其全部背景,称为"完全导出"。仅导出部分背景的实体导出,称为"以占位符导出"。占位符不包含背景元数据、相关实体、其他重要实体和事件历史,虽然占位符用于为其他实体提供背景,但它们并不被当作完备实体,因为其自身背景是不完整的。完全导出的实体可以被其他 MCRS 导入,并作为活动实体进行管理。相反,当 MCRS 导入占位符,则仅能根据其创建"非活动"实体,这种实体既不是活动的,也不是残留的。非活动实体仅与导入服务有关,而导入服务不是 MoReq2010 的核心服务。

每个实体都具有一个元数据元素集合,其中一部分是系统元数据元素,一部分是背景元数据元素。每个元数据元素有两个重要的组成部分,即元数据元素定义和值。导出元数据元素时,系统元数据元素定义不包括在导出数据中,因为系统元数据元素定义是 MoReq2010 确定的,所有 MCRS 通用,所以,系统元数据元素仅需导出其值即可。导出背景元数据元素时,导出其值的同时,有必要导出相应背景元数据元素定义,这样 MCRS 导入时才能"识别"元数据元素,并且相关背景元数据元素定义必须以占位符导出。

完全导出时,实体的系统元数据值和背景元数据值,以及相应背景元数据元素定义与实体同时导出。以占位符导出时,仅需导出系统元数据的值。每个元数据元素,包括系统元数据和背景元数据,要么是一个特定数据类型的值,如文本、数值或标志;要么是指向 MCRS 中其他实体的系统标识符。前者可简单导出,而后者所指向的实体称为"相关实体"。若是完全导出,则相关实体的系统元数据和背景元数据均以占位符导出;若是以占位符导出,则仅导出系统元数据的值。

访问控制清单包含每个与一个或多个角色相关的用户或用户组的访问控制入口,不论是完全导出,还是以占位符导出,MCRS必须同时导出实体的访问控制清单,并且以占位符导出访问控制清单。

实体的事件历史是由该实体参与的事件集合组成,每个事件会有其他实体参与,而且事件的元数据会指向各种不同的相关实体。当实体完全导出时,其事件历史也同时导出。除了导出事件的元数据之外,所有相关实体也应当以占位符同时导出。当实体以占位符导出时,其事件历史并不导出,相关实体也不导出。

综上所述,MCRS导出实体时,实际上是导出一个数据集合。从用户指定的实体开始,MCRS必须追溯所有相关实体,并确定哪些是完全导出,哪些是以占位符导出。然后,MCRS必须编辑这些数据,去除冗余,并以一致性的数据集合导出。

MCRS执行导出时,必须为其创建导出标识符,并和实体的导出事件一起包含在导出数据中,一次导出操作中的所有实体和占位符使用相同的导出标识符。导出标识符使用户可以通过检索查找确定导出事件中哪些实体被同时导出,也能让导出服务追溯实体来源于哪个MCRS。导出实体时,所有MCRS必须遵循相同的导出过程,主要包括:

• 创建导出标识符。

• 对每个完全导出的实体,建立完全导出的相关实体列表和以占位符导出的相关占位符。

• 初始化导出,写入头信息,包括关于MCRS的信息、遵循哪个服务,以及导出标识符等。

• 依次导出每个相关服务,在每个服务内,依次执行每个实体的导出。

• 对每个导出的实体,生成导出事件,并添加至实体的事件历史中。

• 完成导出。

• 若导出失败或中断,将错误写入外部错误日志。

XML规范作为导出的后置条件和导入的前置条件,定义了导出和导入的数据格式,MCRS必须提供该规范的完全实现。目前,MoReq2010定义导出服务为将导出实体存储为 XML 数据文件。然而对于数据量庞大的 MCRS 可能存在一些制约：

·操作系统对数据文件的大小有限制，并且存储介质的容量也有限制，因此数据量很大时无法存储为单个数据文件，就必须分割为多个数据文件。对此，并无相关标准。

·对 XML 数据文件进行压缩时，尽管 XML 本身是标准化的，但不同的压缩算法却不是。

·XML 数据文件必须存储于某个位置，甚至是临时存储，使其面临安全威胁，如非法访问、意外删除甚至篡改。

因此，MoReq2010 的后续版本将可能会采用 XML 数据流导出和导入数据，以增加所传输文件的真实性。因为，和 XML 数据文件相比，XML 数据流具有下列优势：

·数据流不受固定文件大小的限制，也不受物理介质存储能力的限制，尽管数据流也可能会存储为一个或多个数据文件。

·数据流可在传输过程中随时中止，并在以后重新开始。数据流作为一种数据传输方法具有鲁棒性。

·数据流可用加密的方法传输，实现系统之间的安全通信。

·传输时，数据流无需过渡存储介质，如光盘等，避免丢失、损毁或非法复制。

·数据流可实现数据直接地实时传输。

导出服务的功能需求包括：

（1）MCRS 必须允许授权用户将实体导出到遵循 MoReq2010R XML 规范的 XML 数据文件。MCRS 必须允许用户导出下列内容：

·用户和用户组服务中的所有用户和用户组整体。

·包括用户实体的任一指定的单个用户组。

·任一指定的单个用户。

·角色服务中的所有角色整体。

·任一指定的单个角色。

·分类服务中的所有类整体。

- 任一指定的单个类。
- 文件服务中所有聚合和文件,包括其成分。
- 任一指定的单个聚合及其包含的文件和文件的成分。
- 任一指定的单个文件及其成分。
- 元数据服务中的所有元素定义和模板整体。
- 任一指定的单个模板及组成模板的背景元数据元素定义。
- 任一指定的单个背景元数据元素定义。
- 处置方案服务中的所有处置方案整体。
- 任一指定的单个处置方案。
- 处置挂起服务中的所有处置挂起整体。
- 任一指定的单个处置挂起。

(2)默认情况下,MCRS 导出实体时,不得导出残留实体。但用户可以指定导出所有实体,包括活动实体和残留实体。

(3)准备导出时,MCRS 必须首先确定需完全导出的实体,包括:
- 用户指定的实体。
- 完全导出实体所包含的实体。
- 完全导出实体的事件。

然后,MCRS 需确定需以占位符导出的实体,包括:
- 完全导出实体的元数据元素指向的所有实体及其事件。
- 完全导出实体的背景元数据元素的定义。
- 完全导出或以占位符导出的实体的所有重要实体。
- 完全导出或以占位符导出实体的访问控制清单指向的所有实体。

(4)当授权用户导出一个或多个实体时,MCRS 必须生成统一的唯一标识符。

(5)当授权用户导出实体时,MCRS 必须允许用户在导出数据中包含评述和导出事件。

(6)导出一旦初始化,MCRS 必须导出下列内容:
- 导出开始时间戳。
- 导出标识符。

- 导出评述。
- 导出文件头。
- 元数据和访问控制清单。
- 对实体导出的每个服务,分组为以占位符导出和完全导出。
- 导出完成时间戳。

(7)对每个完全导出的实体,MCRS 必须导出其每个元数据元素(包括系统元数据和背景元数据)的值和访问控制清单。

(8)对每个完全导出的成分,MCRS 必须导出其内容。

(9)对每个以占位符导出的实体,MCRS 必须导出其所有系统元数据元素的值和访问控制清单。

(10)对每个完全导出的实体和每个以占位符导出的实体,MCRS 在其事件历史中添加导出事件,包括:

- 导出标识符。
- 完全导出标志。
- 导出评述,作为事件评述。

5.3　RMSC 与 MoReq2010 的比较

美国的文件管理服务组件(RMSC)和 MoReq2010 均引入 SOA 的理念,将电子文件管理功能以服务的方式加以描述,为 ERMS 的设计与开发提供复用,这也是两者之间最基本的相似之处。基于服务的电子文件管理理念与方法不仅可以降低成本,提高效率,而且更主要的是可以解决不同 ERMS 的异构问题,实现不同部门、不同机构之间电子文件管理的互操作,无疑将成为电子文件管理的未来发展方向。

二者之间的相同之处还表现在参与人员的广泛性上。如前所述,二者在制定过程中,除了研究人员之外,都吸收了业务部门的电子文件管理专家参与其中,并广泛听取社会各界的反馈意见,从而使得最终形成的规范具有很强的实践针对性和可操作性。

RMSC 确定的七个文件管理功能服务与 MoReq2010 的九个核心服务之间的对应关系如图 5-23 所示。

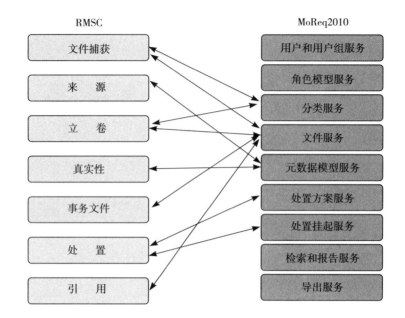

图 5-23 RMSC 与 MoReq2010 的功能服务对比

二者的区别主要表现在以下几个方面。

(1) 内容不同。从图中可以看出,MoReq2010 的核心服务所涵盖的范围更广,不仅包括电子文件管理本身的功能,还包括文件管理者和利用者的职责与权限(用户和用户组服务和角色模型服务),以及不同系统之间的数据交互(导出服务)。相对而言,RMSC 所确定的文件服务则主要针对电子文件管理本身。此外,二者的服务之间并不存在单一的对应关系,相反,相互之间的对应关系显得较为凌乱。如,RMSC 文件捕获服务所包含的功能,在 MoReq2010 中则通过文件服务和分类服务中的功能来实现;而 RMSC 的处置服务,在 MoReq2010 中则分为处置方案服务和处置挂起服务;至于 RMSC 中的来源服务和真实性服务,在 MoReq2010 中均通过元数据模型服务来实现;MoReq2010 中的文件服务则包含了 RMSC 中文件捕获、立卷、事务文件和引用等服务中的功能。

(2) 着眼点不同。之所以存在上述复杂的对应关系,是因为二者的着眼点不同。RMSC 着眼于电子文件管理本身,从文件捕获开始到文件处置及进一步保管为止,以线性的方式对电子文件管理功能进行划分。MoReq2010 则着眼于电子文件管理系统,采用面向对象的方法来对电子文件管理系统的整体功能进行划分。

（3）适用范围不同。由于二者的着眼点不同，确定的文件管理服务存在很大差异，因此二者的适用范围也截然不同。RMSC 仅针对电子文件管理本身进行功能划分，其所确定的文件管理服务并不能构成完整的 ERMS，只能以服务组件的方式，为 ERMS 的设计与开发提供构件。RMSC 只是基于服务的方式描述的电子文件管理要求，而不是电子文件管理系统的功能需求规范。相反，MoReq2010 是对 ERMS 的整体功能进行划分，其所确定的服务构成了完整的 ERMS 的功能，因此可以作为 ERMS 功能需求规范。

第 6 章
电子文件管理服务组件及其功能需求

通过对现有 ERMS 功能需求标准的梳理和借鉴,针对电子文件生命周期内管理活动和管理目标的分析,本报告确定了捕获、组卷、分类、处置、检索、访问控制和统计报表七个服务功能。

6.1 捕获

6.1.1 概念

捕获既是按照既定要求将电子文件及其元数据纳入 ERMS 加以管理的过程,也是在 ERMS 中创建一份电子文件的活动。确切地说,捕获是"将业务活动中生成或接收到的数据对象作为文件及其元数据一起保存到 ERMS 中的过程"。① 捕获之前,必须保证构成文件的所有要素——内容、结构、背景作为一个整体。同时需要对文件分类,并按照某种方式将文件组织在一起或揭示文件之间的有机联系。

捕获包括两个阶段,分属不同的管理系统。在业务系统中,捕获是在文件定稿之后,随业务活动开展的流转过程中,收集和管理文件元数据。或收

---

① 刘越男:《电子文件的捕获——基于电子文件管理系统的分析》,载《中国档案》,2013 年第 7 期,第 68~70 页。

集并汇总业务活动过程中所生成的信息,特别是各种业务背景信息的收集,使这些信息可以作为文件(即业务活动的凭证)进行管理。文件捕获的标志是为其分配唯一标识符,即在ERMS中登记文件。

6.1.2 功能需求

(1)ERMS应当允许文件管理员或授权用户定义和维护需要捕获的电子文件范围。

(2)ERMS应当检查捕获文件的有效性(如文件要素是否完整、元数据是否正确、文件格式、文件成分的联系等),若捕获成功应当向特定用户或系统发送确认信息,或发送捕获失败的报告。

(3)ERMS应当支持自动捕获。自动捕获可以是基于事件的,也可以是定期的。

(4)ERMS应当允许授权用户在文件捕获过程中进行干预,如强制中止自动捕获、人工检查捕获文件的有效性等。

(5)ERMS应当支持批量捕获。批量捕获文件的数量可以由授权用户指定。

(6)ERMS应当保留捕获文件之间和文件成分之间的关系。

(7)ERMS应当保证捕获文件以原格式存储。若必须转换格式,必须依据已建立的格式转换规则。

(8)ERMS应当允许授权用户按照已建立的构成规则,为捕获文件赋予唯一标识符,并将其作为该文件的元数据。

6.2 组卷

6.2.1 概念

组卷是将具有内在联系或具有相同业务背景的电子文件聚集成一个整体进行管理。通过将文件组卷,可以对卷内文件执行相同的管理操作,或将某一属性设置为相同值,从而提高文件管理的效率。具有内在联系的文件作为一个整体进行管理,也能更加全面地反映业务活动的处理过程,可以更好地发挥文件的凭证价值。文件组卷的优势之一是支持继承,即卷内文件的一些特性可以继承其所属卷,如分类、访问控制、元数据等。

组卷可以是物理的,也可以是逻辑的。物理组卷是以某种方式将文件集中在一起存储。逻辑组卷则不改变文件原有的存储位置和方式,仅在卷内以指针或标引的方式指向原文件。组卷还可以是混合组卷,即卷内既包含物理组卷的文件,又包含逻辑组卷的文件。无论是物理组卷,还是逻辑组卷,一份文件均可属于多个卷。物理组卷时,可以将文件以复本的方式置于不同卷,但必须保证每个复本与源文件保持一致。

组卷可以是分层级的,即若干卷可以进一步组合成更高层级的卷。一般而言,为避免文件与卷之间的联系过于复杂,ERMS 中卷的层级不宜过多。此外,文件不可与卷作为同一层级进行组卷。ERMS 中所有电子文件可以看作一个总卷。

6.2.2 功能需求

(1) ERMS 必须支持将若干具有内存联系的文件聚集为卷进行管理。组卷可以是物理组卷,也可以是逻辑组卷,或者是混合组卷。

(2) ERMS 应当支持案卷的打开和关闭功能。ERMS 应当允许授权用户打开案卷并执行添加、移除文件、设置案卷属性等操作。案卷关闭后,其中的文件仅可检索和查看。

(3) 一旦创建卷,ERMS 必须设置卷属性。这些属性包括但不限于:

- 唯一标识符。
- 名称。
- 分类。
- 创建日期。
- 创建者。
- 创建环境,如软硬件环境等。
- 组卷依据。
- 卷内文件数。
- 组卷方式标志。

• 打开关闭标志。

（4）ERMS应当支持将案卷作为一个整体进行管理,如分类、处置等,同时也应当支持对案卷内单个文件分别进行管理。

（5）ERMS应当支持添加到案卷的文件可以继承卷的属性设置,如分类、保管期限和访问控制等。案卷属性是否可继承应当由授权用户设置,并由系统自动完成属性继承。

（6）ERMS应当允许授权用户增加、删除、移动、合并、拆分或者重新归类一个或者一组案卷(子卷),并确保文件与卷之间关联的参照完整性。

（7）ERMS应当允许在相关案卷之间或案卷与单份文件之间建立交叉关联。

（8）对案卷的操作,包括但不限于创建、删除、移动、合并、拆分,以及添加、移除文件等,必须记录在审计日志中。

（9）ERMS应当能够根据一定标准自动关闭案卷中的一个子卷,如按某一年度的截止日期划分的子卷,或者自某一特定事件发生到此后的某段时间,或者子卷中电子文件的数量。

（10）ERMS应当允许授权用户在特定情况下(如,未判决的法律诉讼)锁定或冻结案卷,以防止其被重新定位、删除、关闭或修改。

6.3 分类

6.3.1 概念

分类是电子文件管理的关键环节之一,通过分类可以有效地揭示文件之间、文件与其业务背景之间的有机联系。分类后的电子文件能够以类为单位,实施不同的管理行为。这些管理行为包括流程控制、鉴定、处置、安全控制、存储、物理保管、排架、迁移等。① 如果将基于业务活动分析的文件分类方案与保管期限及处置表相集成,在电子文件形成时就判断其类别,则能

---

① 刘越男:《略论文件分类的基本问题》,载《山西档案》,2009年第6期,第11～14页。

够支持按类自动地处置并采取相应的保管策略。① 因此,对电子文件而言,分类不再仅仅着眼于检索利用,必须统筹考虑电子文件整个生命周期内的各项管理活动。

电子文件分类的依据是文件分类方案,电子文件分类方案是在选定分类方法的基础上,以文字或图表的形式实现类目体系的表述,即标识各级类目、明确类目之间关系,进而构建分类体系。② 一般而言,文件数量少、业务覆盖范围小、文件档案管理基础较弱的机构可从简单层次的分类方案入手,保持分类方案一级类目的稳定,再根据实际情况逐步细化。全局性分类方案的层级一般在3级到5级。

分类方案的种类很多,基于职能分析确定业务分类方案,是文件分类的基本方法。也可以按主题对文件进行分类,按主题分类的方案使与主题相关的(即在单一主题下发生的事项处理和活动)所有文件得以归并到一起。但是,按主题分类关注的是文件或对象的内容,而非生成文件的目的或活动,业务活动的背景可能变得分散,这样对基于主题的案卷进行处置操作较为困难。对电子文件的分类可以提前到电子文件管理系统的开发环节,即根据形成文件的业务活动为其分类,这样文件一旦创建即可自动分类。自动分类的另一种情形是将文件组卷,即将文件组织到案卷时继承卷的分类。文件的分类不是一成不变的,文件保管主体的变化、组卷方式的变化,都可能会改变文件的分类。此外,文件可能具有多个分类,如文件与多个业务活动相关,或者文件属于不同的案卷等。ERMS通过多个元数据来体现一份文件的多维分类。

在业务比较复杂或者分支机构较多的情况下,可能需要制定多维分类方案,即创建两个以上的分类方案。这时需要明确每个分类方案的应用范围和应用方法。

---

① 马林青:《电子文件分类方案的建立原则与方法研究》,载《档案学研究》,2015年第3期,第77~81页。

② 王大青:《电子文件分类方案需求研究》,载《档案与建设》,2014年第10期,第17~22页。

6.3.2 功能需求

(1)ERMS应当允许授权用户创建、重建并配置文件分类方案。

(2)ERMS应当支持授权用户对分类方案及分类方案中的各个层级进行必要描述,包括赋予唯一标识符,标注标题和说明文字等。

(3)ERMS应当支持给分类方案中的所有的类目保存元数据,如类目代码、类目名称、注释等。

(4)ERMS应当不限制分类方案分层结构的层级数量,但应当允许授权用户设定层级数量。

(5)ERMS应当支持对多个分类方案的定义和同时使用,以适用于多个机构合并或遗留系统迁移的情形。

(6)ERMS应当支持文件能够继承所属案卷的分类。

(7)ERMS应当支持授权用户对文件重新分类,并输入重新分类的原因,且作为元数据记入审计跟踪日志。

(8)ERMS应当支持把案卷、文件重新定位到分类方案中的不同位置,并保证复合文件和组合文件中的关联保持不变。

(9)ERMS应支持自动生成类目代码,同时也允许文件管理员或授权用户手工赋值或调整。

(10)ERMS应当支持同一文件具有多个分类,以反映该文件与不同案卷之间的关联。

6.4 处置

6.4.1 概念

所谓处置,是电子文件鉴定之后,根据鉴定结果,即根据确定或调整了的保管期限对电子文件所作的处理工作,如销毁、继续保存在文件系统中、脱机保存、迁移等。处置方案对电子文件管理而言是至关重要的,因为所有电子文件必须根据其处置方案来执行销毁。电子文件应当保存多长时间,以及保管期满后应当如何处置,都取决于其处置方案。因此,所有电子文件，包括电子文件的聚集——案卷，都必须具有处置方案。电子文件的处置方法因其鉴定结果的不同而千差万别，处置方案可能会要求永久保管文件，也可能会要求立即销毁文件，还有的处置方案要求文件保管期满后重新鉴定，这些都会导致不同的处置行为。电子文件处置方案的结果必须是下述三种情形之一：

• 永久保存。

• 移交。

• 销毁。

销毁是将电子文件从 ERMS 中移除的过程。销毁不等同于删除，必须是在受控的方式下通过完整的销毁流程加以实施。销毁也不是将电子文件从 ERMS 中完全抹去，即使删除文件及其内容成分，但仍然需要保留必要的信息，以表明 ERMS 曾拥有过该文件，即机构曾执行过与该文件相关联的业务活动。文件销毁之后所保留的残留信息（即残留文件）在 ERMS 的生命周期内一直保留，不仅证明该文件曾存在过，而且更重要的是，证明该文件是按照适当的处置方案处置的。① 销毁是不可逆的，即无法从残留文件还原完整的初始文件。ERMS 在执行销毁操作时，必须做到彻底性和可跟踪性。

永久保存和移交是对仍需保存的电子文件的两种处置方法。永久保存是指档案馆将电子文件继续保存在当前 ERMS 中。移交则是机构将电子文件转移到档案馆的 ERMS 中。文件移交需要有关责任方进行必要的评估，并就移交条款和条件达成协议，如移交文件是否需要封装、具体移交格式要求等，可根据或参考国家档案局《电子档案移交与接收办法》、DA/T 47－2009《版式电子文件长期保存格式需求》等相关规范由移交双方协商决定。

和电子文件一样，案卷也必须具有处置方案，案卷处置方案的结果也是前述四种结果之一。案卷及其电子文件的处置方案可以一致，也可以是不

---

① DLM Forum Foundation，"MoReq2010®：Modular Requirements for Records Systems Volume 1：Core Services & Plug－in Modules"，accessed May 12，2015，http：//mor－eq2010.eu/.

同的处置结果。

文件和案卷的处置过程通常是连续的,即从处置开始执行到处置完成是一个不间断的过程。但在特定情形下,在处置过程尚未完成时,可以中止处置,即处置挂起。当处置挂起后,可以对处置方案进行审定并修改处置方案,处置则可以根据重新确定的处置方案继续执行。

6.4.2 功能需求

(1)ERMS必须允许授权用户创建新的处置方案,并设置其元数据,如系统标识符、创建时间、名称、描述、处置行动、处置触发器等。

(2)ERMS必须将处置行动设置为下列方式之一:

- 永久保存。
- 移交。
- 销毁。

(3)ERMS必须允许授权用户设置处置触发方式,处置行动可以采取以下方式触发:

- 时间触发。即文件保管到期后触发预定的处置行动或处置工作流,并予以提示。
- 事件触发。当特定事件发生后触发处置行动,同时,ERMS应允许文档管理员定义和管理事件列表。
- 其他。

(4)对于触发处置行动的文件,ERMS应支持以下处置程序:通知文件管理员或其他授权用户、审查处置行动和确认后实施相关处置行动,并支持处置活动的持续性。

(5)ERMS支持以自动触发的方式进行处置,减少人为干预。但ERMS应当能够在自动触发处置决定的程序之前提醒文件管理员对即将触发的行为作出回应。

(6)ERMS必须允许授权用户暂停已触发的处置行动,并设置触发方式以重新执行处置。

(7)ERMS应支持文件自动继承其所在案卷、类目的保管期限、处置行为及其触发条件。

(8) ERMS应在文件登记时,要求赋予保管期限,设定处置行为及其触发条件。

(9) ERMS必须允许授权用户更改文件或案卷的处置方案,即使处置行动已经触发,可通过处置挂起以暂停处置。

(10) 若处置行动为移交,ERMS必须保证移交对象的完整性,并保证各组成部分之间的正确联系。ERMS还应支持同时移交与移交对象有关的分类方案、处置方案等其他需要移交的信息,确保整个移交过程的完整性。

(11) 若处置行动为移交,ERMS必须形成移交报告。移交报告应该包括以下信息:

• 移交案卷和文件的数量。

• 移交时间。

• 移交方式。

• 移交人/接收人。

• 移交状态。

• 移交错误。

• 未被成功移交的文件。

• 未成功移交的原因。

(12) 若处置行动为销毁,ERMS必须确保仅当收到确认通知后才执行销毁操作。

(13) ERMS执行销毁操作时,必须确保被销毁文件的所有备份和相关版本均被同时销毁。

(14) 若销毁对象为文件聚合时,如案卷,ERMS必须确保集合内所有成分均被销毁,包括电子的和非电子的。

(15) 若处置行动为销毁,ERMS必须形成销毁报告。销毁报告应该包括以下信息:

• 销毁案卷和文件的数量。

• 销毁时间。

• 销毁人。

- 监销人。
- 销毁状态。
- 销毁错误。
- 未被成功销毁的文件。
- 未成功销毁的原因。

（16）销毁文件时，ERMS 必须留存必要的元数据以证明文件的存在、管理和处置。留存元数据应当在创建处置方案时确定。

（17）ERMS 应能够对一个分类分配多个处置类型。

（18）ERMS 应当支持处置方案与其他管理工具，包括保管期限表、分类方案等的集成管理。本级类、案卷所设定处置行为应优先于其上层分类实体的处置行为。

（19）ERMS 应支持对处置方案的各项管理和维护功能，包括：

- 标识并存储处置方案；
- 基于处置建议推荐文件工作流程；
- 修改处置方案；
- 删除处置方案；
- 审核处置方案。

6.5 检索

6.5.1 概念

电子文件的检索直接连接利用者和电子文件信息资源，并决定电子文件的现实使用价值和历史参考价值能否得到充分的发挥。检索服务是指 ERMS 按照用户指定参数定位、利用和查看系统资源（包括类目、文件等实体及其元数据）的过程。[①]

ERMS 的检索服务包括通用检索服务和专门检索服务两个方面。通用

---

① 中华人民共和国国家质量监督检验检疫总局、中国国家标准化管理委员会：《电子文件管理系统通用功能要求（GB/T 29194—2012）》，中国国家标准，2012 年。

检索服务是一般信息检索系统所具有的通用检索能力,如检索手段、检索方式、组合检索、人机交互、检索策略等。专门检索服务则是指ERMS所应具有的检索ERMS管理所有实体的特殊需求,包括检索对象多样、层次丰富,以及检索策略复杂性和检索结果展示的灵活性等。

用户有两种方法可以在ERMS中查找信息:一是从一个对象到与之相关的对象(如,从案卷到其中的文件,从文件到其成分);二是用特定检索查询来检索信息。经验表明在保存大量电子文件的管理系统中发现相关信息,使用查询检索更灵活、更具可伸缩性。在某些ERMS中,检索也能让用户发现因访问控制设置不能通过浏览访问的对象。如,用户有权限检查案卷中的部分电子文件,但没有权限检查案卷。这时用户就不能通过浏览文件而访问案卷。通常情况下,用户会将两种方法结合起来使用:通过将满足检索条件的对象检索出来,再通过浏览对检索结果进行提炼。因此,ERMS必须具有检索引擎,以根据元数据元素的值查找对象。此外,对ERMS来说,保证检索结果的一致性和完备性是其重要的非功能需求之一。如果同一用户多次执行相同检索,假定底层数据没有改变,则ERMS应当提供相同的检索结果。

实现检索的技术方法很多,通常没有必要指定供应商在其解决方案中如何实现检索,但ERMS至少应当支持:

· 能够通过任何元数据检索ERMS中保存的信息。

· 能够定义检索条件以匹配任何元数据的数据类型。

· 能够支持全文本检索,并且使用相同检索词,只需键入一次就可同时检索所有文本型的元数据元素。

· 能够根据不同检索条件的组合检索指定的元数据元素。

· 能够组合检索结果以执行复杂检索。

6.5.2 功能需求

(1)ERMS的检索功能必须与权限分配、分类方案、保管期限与处置方案、元数据方案、文件类型配置信息关联。

(2)ERMS检索功能必须遵循访问控制要求,对没有权限的查询方式不予支持,但应显示提示信息;对于不在用户权限范围内显示的检索结果不予显示,但应显示提示信息;对于不可视的元数据项不予显示。

(3)ERMS必须支持对类目、文件、文档、元数据、全文等层次的检索。

(4)ERMS必须支持在线、近线或离线状态文件的检索。

(5)ERMS必须允许用户将检索结果限制为某种或某些实体类型。

(6)ERMS必须允许用户指定检索查询为对所有文件型元数据元素的单一全文本检索。当执行全文本检索时,MCRS必须计算检索结果中实体的相关度。

(7)ERMS必须允许用户将检索查询指定为由一个检索条件或多个组合构成,每个检索条件针对一个特定系统或用户提供的背景元数据元素的值。

(8)ERMS必须允许用户为任何数据类型的元数据元素指定检索条件。

(9)ERMS必须允许用户为不同数据类型元数据指定检索条件,如日期、日期/时间、数据型、逻辑型等。

(10)ERMS必须允许用户使用逻辑运算符"且 AND""或 OR""非 NOT"组合不同检索条件,并可通过括号等方法改变运算次序。

(11)ERMS必须允许用户对若干检索结果进行组合、连接或合并以答复复杂检索请求。

(12)一旦用户执行检索,ERMS必须生成检索日志,日志中必须包含所执行检索请求的描述和查找到的实体总数。

(13)ERMS必须允许授权用户保存、修改、删除和共享检索请求。

(14)ERMS应当提供友好的检索界面,包括但不限于:

- 检索进度提示。
- 显示用户完整提问。
- 估计检索完成时间。
- 保留用户最近使用的检索词。

(15)ERMS应当支持根据检索结果进行扩展显示,即可显示该结果的上级或下级层次。如,结果为案卷的,可展开卷内文件;结果为文件的,可上溯到所属案卷,也可显示包括文件内容在内的各元数据项。

(16)ERMS应当支持对查询结果的显示格式进行设置,允许用户指定:

- 查询结果显示的顺序。
- 每页显示的数目。
- 每次检索返回结果的最大数量。
- 查询结果显示的元数据。

(17)ERMS应当支持递进检索,即在检索范围内实施二次检索。

(18)ERMS应当支持用户对检索途径进行定义、保存和再利用。

(19)ERMS应当允许用户对检索结果进行选择、分组和排序,允许同时进行查看、传输和打印。

(20)ERMS应当支持检索结果的导出,并提供常用文件格式的列表供用户选择。

(21)ERMS应当能够独立提供或集成第三方软件提供阅读原始电子文件的能力。

6.6 访问控制

6.6.1 概念

ERMS必须控制对电子文件的访问,特定的用户只能访问一定范围内的文件及案卷,同样,文件或案卷只能被具有权限的用户访问。这里的访问包括对文件的管理维护和检索利用。如,只有具有文件管理权限的用户才可以打开案卷并为其分类,而普通用户只能检索和浏览已开放电子文件的内容。因此,电子文件的访问控制包括两个方面的内容。一是设置用户和用户组,即为不同的用户设置不同的访问权限。二是设置文件及案卷的访问等级,即文件和案卷可以被哪些用户或用户组访问。文件和案卷的访问等级一般可以通过设置其密级来实现。

除此之外,建立完善的审计和跟踪机制,也是实现电子文件安全访问的重要措施。通常所有记录电子文件管理操作都应当记录下来,并作为电子文件的元数据加以维护。随着时间的推移,这类元数据会变得十分庞大,访问控制则需要对文件操作进行甄别,以确定哪些操作不需要审查。

建立合理机制对文件的访问及安全进行控制,可以保障电子文件的真实、完整,风险评估则可以提供依据。如,在高风险环境中,可能有必要确切证实到底发生了什么,何时发生的,以及由谁执行的。这将与系统的权限和审计日志相关联,以便验证经批准的操作行为确系授权用户所为。

6.6.2 功能需求

(1)ERMS必须根据现有法律法规,建立统一完整的安全访问机制,对用户的权限和ERMS中文件或案卷的访问进行安全管理。

(2)ERMS必须确保文件(包括文件的成分、各成分之间的联系以及文件之间的联系)完整且不被修改,除非在特定情况下,如法院命令。若发生此种情况,仅授权用户(如系统管理员)才能执行修改操作,且所作改动必须记录在相关日志中。

(3)ERMS必须允许创建用户或用户组,并为其设置访问权限。

(4)ERMS必须确保只有授权用户(如系统管理员)才能更改用户或用户组的安全属性(如访问权限、安全级别、优先权、初始密码的分配和管理)。

(5)ERMS必须允许对文件划分密级。密级的划分必须符合相关法律法规的规定。

(6)ERMS必须允许授权用户为文件或案卷选择和指定密级。

(7)ERMS必须允许授权用户更改文件或案卷的密级,若密级下调,ERMS必须发出警示,并等待确认后,更改才生效。

(8)ERMS必须允许赋予密级:

• 在任何文件聚合体层级上。
• 在某一特定的时间或事件之后。
• 为某一文件类型。

(9)ERMS必须允许为密级的不同层级分配访问权限,如,仅限于特定用户或用户组、仅限于特定机构角色等。

(10)ERMS必须对建立审计跟踪记录,确保未被授权行为被识别和跟踪。审计跟踪一般以日志的形式表达,记录文件的重要操作,包括行为描述、行为步骤、行为对象、行为日期、行为人员等要素。

(11)ERMS应当能够自动记录审计跟踪记录,并允许授权用户选择需审计的行为。

6.7 统计报表

6.7.1 概念

统计报表是对ERMS中所有电子文件及其管理的各种信息和描述分析报告,即运用多种多样的统计技术和方法,通过图、表、册以及数字的形式描述和分析ERMS的状态和趋势。统计报表可以提高ERMS的管理效率,使电子文件管理工作更加有序,并为ERMS各项功能的评估提供依据。统计报表功能的强弱和系统功能、文件数量和用户的需求存在着很大的关系。

统计报表通常可以分为常规统计报表、自定义统计报表两种形态。常规统计报表是ERMS事先定义的,主要用于文件和档案管理常规信息的统计。自定义报表要求ERMS提供报表设计和制作功能,由用户根据自己的统计需求,设计并生成定制的报表。

统计报表功能并非要集中在一个统一的功能模块或者区域当中,可以分散在各个业务功能块当中,在系统设计时可针对具体情况和系统设计的要求而定。

6.7.2 功能需求

(1)ERMS应当允许授权用户在其授权范围内生成相关统计报表。

(2)ERMS应当支持基于下述两种方式自动生成统计报表:
- 周期性的报表,如日报、周报、月报、季报、年报。
- 根据授权用户的需求。

(3)ERMS应当提供自定义或预定义统计报表的功能,包括
- 提供自定义或预定义的报表条件,便于自动生成统计信息。
- 提供报表上报流程。
- 提供报表审核流程。

· 提供报表汇总功能。

（4）ERMS 应当支持各种形式的统计报表，如图、表等。

（5）ERMS 应当能够提供各类形式的统计图形和图例功能。

（6）ERMS 应当支持将统计报表导出到第三方软件（如 Excel 表、数据库表等）进行编辑和分析。

（7）ERMS 应当能够提供所管理文件信息的统计报表。文件信息包括但不限于：

· 捕获文件的全部数量。

· 特定时间段所捕获文件的数量。

· 特定部门所捕获的文件数量。

· 所形成的案卷（子卷）的全部数量，特定案卷（子卷）中全部文件的数量。

· 不同开放等级的文件数量。

· 特定类（子类）中不同开放等级的案卷（子卷）和文件数量。

· 特定案卷（子卷）中不同开放等级的文件数量。

· 不同保管期限的文件数量。

· 特定类（子类）中不同保管期限的案卷（子卷）和文件数量。

· 特定案卷（子卷）中不同保管期限文件数量。

· 不同格式的文件数量。

· 实体文件存放地点。

（8）ERMS 应当能够提供所管理文件变化的统计报表。包括但不限于：

· 移交文件信息（移交文件时间、目录列表、数量、移交人员、接收人员、移交前审核信息、病毒检验信息等）。

· 销毁文件信息（销毁时间、销毁理由、目录列表、数量、销毁人员、销毁前审核信息等）。

· 续存文件信息（续存延续时间、续存理由、目录列表、数量、审核信息等）。

· 文件开放等级变更信息。

· 文件保管期限变更信息。

(9)ERMS应当能够提供文件利用的统计报表。包括但不限于：

- 特定时间段内借阅文件人次、案(件)。
- 特定案卷(子卷)内借阅文件人次、案(件)次。
- 特定文件借阅人次、案(件)次。

(10)ERMS应支持按多项条件组合设定统计。

(11)ERMS应当提供统计报表的模板,包括但不限于：

- 捕获文件目录。
- 开放等级变更。
- 保管期限变更。
- 文件开放情况登记。
- 移交文件。
- 销毁文件。
- 续存文件。
- 实体文件存放地点。
- 利用情况。

结　语

　　从电子文件整个生命周期的范围入手，分析电子文件管理系统的功能需求，是项目研究的主要内容。引入基于服务框架的理念，将电子文件生命周期内的管理功能，以服务组件的方式加以描述，是电子文件管理系统设计与开发的最佳方法之一，也是制定电子文件管理系统功能需求规范的未来趋势。项目研究首次将基于服务架构的理论与电子文件管理相结合，为电子文件管理提供了新的思路和研究领域。

　　首先，项目研究对电子文件管理系统的概念进行了新的诠释。在总结现有相关定义的基础上，基于服务组件的理念，把电子文件管理系统理解为由满足电子文件各项管理功能的服务组件所构成的集合，即电子文件管理系统是一个电子文件管理服务组件库，而不必是一个独立完整的软件系统。以服务组件拼装的方式所构筑的系统，可以是一个完全以电子文件管理为目的的独立的计算机应用系统，也可以是仅包含若干电子文件管理功能（服务组件）的复杂的大型的管理信息系统。将电子文件管理功能的需求以服务组件的方式加以描述和定义，可以使不同系统中的电子文件管理功能遵循相同的标准和规范，同时电子文件管理的功能可以通过服务组件的方式嵌入在其他的系统中，即服务组件库中的服务组件可以被不同的应用系统重复调用，从而实现文件管理的功能。把电子文件管理系统理解为服务组件库，既可以保证电子文件的全程管理和前端控制，又能够保证各种系统中的文件管理功能具有相同的实现方式，从而保证电子文件在其整个生命周期内的管理一致性和不同系统之间的互操作性。

　　其次，项目研究选择了最具代表性的电子文件管理系统需求规范，包括美国的 DoD5015.2－STD、欧盟的 MoReq、国际档案理事会的 ICA－Req 和我国的《电子文件管理系统通用功能要求》(GB/T29194－2012),对其内容进行了系统的阐述和分析,特别是对基于服务的两个规范,即美国的 RMSC 和欧盟的 MoReq2010,详细分析了其功能服务的构成及功能需求,在此基础上给出了一个简单的基于服务的电子文件管理功能需求规范的雏形,以期抛砖引玉,为我国修订电子文件管理系统功能需求标准提供参考。

再次,以服务的理念来理解电子文件管理系统,构建基于服务组件的电子文件管理系统功能需求,无疑有助于电子文件管理系统的设计与开发,为电子文件管理系统的建设和发展提供理论指导。

项目研究虽然力图有所创新,但限于水平,存在许多不足,研究的深度和广度还有很多需要拓展的地方。第一,是对现有电子文件管理系统功能需求规范的研究,局限于内容本身的阐述,对其应用的实践调查和经验总结则因为缺乏相关数据未能充分探讨,而实践应用却是衡量一个标准和规范是否科学完善的重要手段。第二,项目研究虽然引入基于服务的理念,对电子文件管理系统进行了新的阐释,但在构建基于服务组件的电子文件管理系统功能需求上不够全面,也不够深入,所构建的功能需求过于简单。同时,对电子文件管理功能服务的划分,缺乏足够的理论和实践依据。第三,电子文件管理服务必须置于国家宏观电子政务的战略背景下进行研究,这也是项目研究的缺失之处。

未来在这一领域的研究可以在以下三个方面进一步加强。一是电子文件管理系统功能需求规范的实证研究。通过对电子文件管理系统建设实践的调查和分析,总结相关标准和规范在实际应用中的经验和教训,为电子文件管理系统功能需求规范和标准的制订提供实践依据。二是进一步细化电子文件管理服务组件的构建。既要科学合理地划分电子文件管理功能,又要以更科学的方式来描述这些服务组件,如基于 UML 描述的电子文件管理服务组件。三是将电子文件管理服务组件研究置于国家宏观电子政务的战略背景下,从而使电子文件管理能够更好地服务于电子政务建设,又为制定电子文件管理国家战略提供依据。

参考文献

1. 安小米等.基于 ISO 15489 的文件档案管理核心标准及相关规范[M].北京:中国质检出版社,2013.
2. 冯惠玲.电子文件管理教程[M].北京:中国人民大学出版社,2001.
3. 冯惠玲,刘越男等.电子文件管理国家战略[M].北京:中国人民大学出版社,2011.
4. 冯惠玲,赵国俊等.中国电子文件管理:问题与对策[M].北京:中国人民大学出版社,2009.
5. 冯惠玲等.电子文件风险管理[M].北京:中国人民大学出版社,2008.
6. 国际档案理事会编,王健等译.电子办公环境中文件管理原则与功能要求[M].北京:中国人民大学出版社,2012.
7. 金波,丁华东.电子文件管理学[M].上海:上海大学出版社,2015.
8. 李泽锋.基于 OAIS 电子文件管理系统体系研究[M].上海:上海世界图书出版公司,2010.
9. 刘家真.电子文件管理理论与实践[M].北京:科学出版社,2003.
10. 刘家真.电子文件管理——电子文件与证据保留[M].北京:科学出版社,2009.
11. 刘越男.2010—2015 年电子文件管理发展与前沿报告[M].北京:电子工业出版社,2016.
12. 张健.电子文件信息安全管理研究[M].上海:上海世界图书出版公司,2012.
13. 朱小怡等.数字档案馆建设理论与实践[M].上海:华东师范大学出

版社 2007.

14. 安小米等.基于集成模式的电子文件管理最佳实践规范(一)[J].办公自动化,2006(9):4～9.

15. 安小米等.基于集成模式的电子文件管理最佳实践规范(二)[J].办公自动化,2006(10):6～9.

16. 安小米等.基于集成模式的电子文件管理最佳实践规范(三)[J].办公自动化,2006(11):32～36.

17. 安小米等.基于集成模式的电子文件管理最佳实践规范(四)[J].办公自动化,2006(12):31～36.

18. 安小米等.基于集成模式的电子文件管理最佳实践规范(五)[J].办公自动化,2007(1):56～59.

19. 安小米.国外电子文件管理国家战略研究[J].档案学通讯,2009(1):10～13.

20. 安小米.电子文件管理标准建设的国际经验及借鉴研究[J].电子政务,2010(6):31～40.

21. 安小米等.电子文件管理的国际进展、发展趋势与未来方向[J].档案学研究,2012(3):82～86.

22. 曹芳.近十年来我国电子文件研究论文的统计与分析[J].档案学研究,2003(4):45～49.

23. 朝乐门.电子文件管理系统的技术特征[J].现代图书情报技术,2013(4):30～39.

24. 朝乐门.电子文件管理系统研发的重点与难点分析[J].档案学通讯,2014(1):73～77.

25. 朝乐门.电子文件管理系统的测试方法研究[J].档案学通讯,2014(06):57～60.

26. 程妍妍.欧盟电子文件管理需求模型MoReq2010的分析与启示[J].浙江档案,2012(10):14～17.

27. 董蔷.电子文件管理系统面临的主要问题[J].档案学研究,2002(4):26～28.

28. 段荣婷.论国际档案信息标准化现状、发展趋势及我国的对策[J].档案学研究,2008(1):38~46.

29. 冯惠玲.论电子文件的风险管理[J].档案学通讯,2005(3):8~11.

30. 冯惠玲等.电子文件管理国家战略刍议[J].档案学通讯,2006(3):4~8.

31. 冯惠玲,钱毅.关于电子文件管理顶层设计的若干设想[J].中国档案,2007(4):7~9.

32. 冯惠玲.我国电子文件管理国家战略的特点[J].档案学通讯,2009(5):9~12.

33. 冯丽伟.电子文件全程管理标准体系建设研究[J].档案学研究,2014(3):71~74.

34. 冯琦峰.电子文件中心建设的实践与思考——以宁波市鄞州区电子文件中心建设为例[J].浙江档案,2009(6):15~16.

35. 高洁.电子文件管理软件的国际化规范及其借鉴研究[J].山西档案,2005(6):18~22.

36. 何绍华等.对电子邮件管理系统的设想[J].档案学研究,2002(1):41~43.

37. 侯海霞,崔冬华.基于软件测试技术的软件质量保证研究[J].科技信息,2008(13):58.

38. 黄萃.基于元数据的电子文件全程管理[J].档案管理,2003(4):16~18.

39. 黄海鹰.电子文件管理系统安全等级保护研究[J].浙江档案,2009(4):40~43.

40. 黄建军.近十年文件管理研究国际发展动态[J].档案学通讯,2011(4):49~52.

41. 黄锐.美国NIST信息安全风险管理体系概述[J].保密科学技术,2012(10):33~36.

42. 黄睿,张敬.关于电子文件管理系统建设的影响因素分析[J].办公室业务,2016(3):171~172.

43. 黄玉坤.软件复用技术及领域工程综述[J].计算机与现代化,2007(11):43~45.

44. 黄玉明.电子文件(档案)管理系统建设的需求分析[J].中国档案,2011(2):34~36.

45. 黄玉明.电子文件中心的定位与核心取向[J].档案学研究,2010(2):55~58.

46. 蒋卫荣.《档案法》第二轮修改的重点问题[J].档案学研究,2010(4):18~20.

47. 蒋术.《电子文件管理系统通用功能要求》与 ISO16175-2:2011 的比较研究[J].档案,2015(8):5~9.

48. 李金明.CAD 电子文件管理系统的功能要求[J].中国档案,2004(9):36~37.

49. 李泽锋.电子文件管理项目建设方法论研究[J].档案学通讯,2009(4):16~19.

50. 李泽锋.基于 OAIS 的电子文件服务体系构建[J].档案学通讯,2011(4):73~77.

51. 刘洪,王凤娇.组件技术及其在电子文件管理中的应用研究[J].档案学通讯,2014(5):59~62.

52. 刘洪,盛梅.电子文件法律效力的障碍与对策[J].云南档案,2012(10):42~43.

53. 刘军.关于在《档案法》中增加电子文件立法的思考[J].北京档案,2010(6):23~24.

54. 刘立.档案部门如何编制电子文件功能需求[J].中国档案,2013(1):40~41.

55. 刘越男.建立新秩序——电子文件管理流程研究[J].档案学通讯,2004(3):54~58.

56. 刘越男.对电子文件管理元数据的再认识[J].档案学通讯,2005(3):58~62.

57. 刘越男.略论文件分类的基本问题[J].山西档案,2009(6):11~14.

58.刘越男.提升电子文件管理系统质量的路径分析[J].档案学研究,2010(5):82~86.

59.刘越男.我国电子文件管理的现状、问题与对策[J].电子政务,2010(6):10~16.

60.刘越男,杨程婕等.我国省级、副省级档案馆电子文件移交进馆及管理情况调查分析[J].档案学通讯,2011(4):7~12.

61.刘越男,梁凯,顾伟.电子文件管理系统实施过程中元数据方案的设计[J].档案学研究,2012(2):56~64.

62.刘越男.试析电子文件管理系统的建设模式[J].中国档案,2011(7):58~60.

63.刘越男.电子文件的捕获——基于电子文件管理系统的分析[J].中国档案,2013(7):68~70.

64.刘越男,祁天娇.我国省级、副省级档案馆电子文件接收及管理情况的追踪调查[J].档案学通讯,2014(6):10~15.

65.罗宝勇,黄存勋.2001-2012年我国电子文件研究综述[J].档案与建设,2013(6):20~22,25.

66.罗潜,李国华.欧盟电子文件管理实用性特色研究[J].兰台世界,2010(10):15~16.

67.马林青.电子文件分类方案的建立原则与方法研究[J].档案学研究,2015(3):77~81.

68.马仁杰,张浩.关于电子文件立法若干问题的思考[J].档案学通讯,2010(5):35~38.

69.潘未梅、方昀.文件档案概念辨析——以InterPARES项目为例[J].档案学通讯,2013(4):25~29.

70.钱毅.中国电子文件管理标准体系现状与实施战略[J].档案学通讯,2009(6):10~12.

71.钱毅.电子文件管理标准体系的基本框架和建设构想[J].电子政务,2010(6):17~23.

72.钱毅.电子文件管理系统功能需求规范定位研究[J].北京档案,

2011(4):24~26.

73.钱毅.我国可信电子文件长期保存规范研究[J].档案学通讯,2014(3):75~79.

74.申德荣等.应用于Web服务合成的一种有效的Web服务发现策略[J].小型微型计算机系统,2005(10):1803~1806.

75.石俊萍,李必云.基于用户自定义结构的电子档案管理系统设计与实现[J].计算机与现代化,2010(2):127~129.

76.石璐.电子文件管理国际标准的新动态[J].广东档案,2012(3):41~43.

77.苏文静等.集成网络环境下电子档案管理系统的功能模型分析[J].档案学研究,2002(5):44~47.

78.唐艳芳.数字档案馆档案信息服务平台的构建[J].档案学研究,2006(5):44~48.

79.陶水龙,田雷.电子档案双套制管理问题研究[J].档案学研究,2014(4):61~64.

80.屠跃明,张梦霞.电子文件(档案)长期保存责任体系构建研究[J].档案学研究,2016(1):101~106.

81.王大青.电子文件分类方案需求研究[J].档案与建设,2014(10):17~22.

82.王大青.电子文件概念发展及其理论实质分析[J].北京档案,2015(2):10~13.

83.王芳霞.面向服务的甘肃省测绘档案信息化技术体系构建[J].矿山测量,2015(2):6~9,72.

84.王璟璇,于施洋等.电子政务顶层设计:FEA方法体系研究[J].电子政务,2011(8):19~29.

85.王萍等.国外近十年电子档案研究述评[J].档案学通讯,2011(3):58~62.

86.王霞,张敏.从概念角度论述保持电子文件真实性的要求[J].国书情报知识,2006(3):49~52.

87. 王雪萍,黄建峰.浅论数字档案馆信息资源整合与共享[J].湖北档案,2008(11):17~19.

88. 王育东,高松峻.文档管理的适用性与系统更替——论 OA 系统、文档一体化管理系统与电子文件管理系统的递进关系[J].浙江档案,2006(1):23~24.

89. 吴秀云.浅谈电子文件管理系统的评价指标[J].云南档案,2012(10):56~58.

90. 肖秋会,刘劲松,汪好.我国电子文件中心研究综述[J].档案学通讯,2011(1):31~34.

91. 肖润.电子档案管理系统构建研究[J].档案与建设,2013(1):26~29,42.

92. 谢海洋,王保忠.基于 Web 技术的电子档案管理系统的设计与实现[J].档案学研究,2005(1):34~37.

93. 谢海先,赵媛媛.功能到服务的变迁——从 MoReq 到 MoReq2010[J].档案学研究,2012(4):86~91.

94. 徐欣.我国 20 年来电子文件管理的实践探索与理论研究及其发展趋势[J].档案学通讯,2009(1):4~7.

95. 许桂清,李映天.档案信息安全保障体系的建设与思考[J].档案学研究,2010(3):54~58.

96. 杨安莲.国际电子文件管理系统需求研究进展及启示[J].档案学研究,2009(4):42~46.

97. 杨安莲.论电子文件信息安全保障体系的构建[J].档案学研究,2010(5):4~7.

98. 杨高敏,刘越男.国内外《电子文件管理通用需求》(MoReq2)研究评析[J].电子政务,2012(1):41~48.

99. 杨鑫瑶.一种可复用电子档案管理系统设计与实现[J].数字技术与应用,2016(1):200~201.

100. 杨瑛.电子文件信息资源管理系统标准研究[J].信息技术与标准化,2009(9):49~52.

101. 于丽娟.影响电子文件管理系统开发成败的因素[J].浙江档案,2000(6):5～6.

102. 于丽娟.电子文件管理系统初探[J].浙江档案,2001(9):36～37.

103. 于丽娟.电子文件管理系统的功能——基本功能及其功能拓展[J].北京档案,2002(10):18～20.

104. 于丽娟.《电子文件管理软件设计评价标准》——DOD5015.2-STD[J].档案学通讯,2003(3):73～78.

105. 于丽娟.《电子文件管理通用需求》——MoReq[J].档案学通讯,2003(6):30～34.

106. 于丽娟.电子文件管理系统研究——系统功能原理分析[J].档案学通讯,2004(6):52～57.

107. 于英香.电子档案管理系统开发方法论[J].档案学通讯,2003(5):34～37.

108. 于英香,韩震.区域性电子文件管理模式演变与整合探析[J].档案学研究,2011(1):67～70.

109. 余建新,陈慧.基于文件管理的公务电子邮件归档系统的构建探索——四川省电力公司公务电子邮件归档系统案例研究[J].档案学通讯,2010(2):33～36.

110. 余隽菡.提高我国电子档案管理系统利用功能的几点建议[J].浙江档案,2006(11):12～14.

111. 张成.论美国国防部《电子文件管理标准》的结构、功能及其启示[J].科协论坛,2009(11):36～38.

112. 张健.电子文件信息安全管理评估体系研究[J].档案学通讯,2011(4):65～69.

113. 张健.电子文件信息安全技术体系研究[J].档案与建设,2013(2):4～7.

114. 张健.云计算环境下电子文件管理系统的新特点及安全风险研究[J].上海档案,2012(12):15～18.

115. 张宁.电子文件真实性及其凭证价值研究[J].档案学通讯,2005

(4):35～37.

116.张宁,刘越男.电子文件关键风险因素的调查分析[J].档案学通讯,2007(2):53～56.

117.张宁.我国电子文件管理现状调查与思考[J].档案学通讯,2008(6):15～19.

118.张宁.欧盟《电子文件管理通用需求第二版——MoReq2》解析[J].北京档案,2008(7):46～48.

119.张宁.2010年我国电子文件管理理论研究综述[J].档案学研究,2011(3):4～7.

120.张慎武等.电子公文档案管理系统安全机制研究[J].档案管理,2013(4):48～49.

121.张素霞.数字档案馆的技术体系结构[J].科技情报开发与经济,2004(8):50～51.

122.张衔.对影响电子文件鉴定诸因素的探讨[J].档案,2010(3):46～48.

123.张茜.欧盟《文件系统模块化需求体系》介绍[J].兰台世界,2013(4):21～22.

124.张茜,程妍妍.国际电子文件管理系统需求标准比较研究[J].中国档案,2014(11):61～63.

125.张晓娟,胡文佳,陈诚等.电子文件管理系统需求标准化的国际经验与启示——基于MoReq与ICA－Req的分析[J].情报理论与实践,2015(4):57～60.

126.张晓娟等.电子文件管理系统功能需求标准的建设与发展[J].电子政务,2014(5):93～98.

127.张秀丽.基于电子证据认证视角下的电子文件管理[J].中国档案,2010(8):32～34.

128.张照余,项文新.基于政务网的电子文件中心建设[J].档案管理,2005(6):33～35.

129.张正强.论电子文件管理元数据标准体系的构建[J].浙江档案,

2011(11):27～30.

130.章燕华.电子文件管理规范体系框架研究[J].档案学通讯,2010(5):39～42.

131.赵丽.我国电子文件管理系统研究进展与方向[J].档案学研究,2013(6):50～56.

132.赵学.电子文件管理系统中的信息安全保障研究[J].机电兵船档案,2015(1):48～50.

133.郑溇彬,朝乐门.电子文件管理系统测试工作的对比研究[J].北京档案,2016(4):8～11.

134.郑伟,徐宝祥,徐波等.面向服务架构研究综述[J].情报科学,2009(8):1269～1275.

135.钟瑛.浅议电子文件管理系统的功能要素[J].档案学通讯,2006(6):65～68.

136.朱立涛,李阳,刘洪等.论电子文件管理软件的市场准入[J].兰台世界,2013(4):7～8.

137.中华人民共和国国家质量监督检验检疫总局,中国国家标准化管理委员会.电子文件管理系统通用功能要求(GB/T29194－2012)[S].中国:2012.

138.中华人民共和国国家质量监督检验检疫总局,中国国家标准化管理委员会.电子文件管理系统测试规范第2部分:归档管理系统功能符合性测试细则(GB/T31021.2－2014)[S].中国:2014.

139.中华人民共和国国家质量监督检验检疫总局,中国国家标准化管理委员会.文书类电子文件形成办理系统通用功能要求(GB/T31913－2015)[S].中国:2015.

140.中华人民共和国国家质量监督检验检疫总局,中国国家标准化管理委员会.电子文件管理系统建设指南(GB/T31914－2015)[S].中国:2015.

141.陈洁瑜.基于云平台的文件管理系统的设计与测试研究[D].厦门大学,2014.

142. 郭晋伟.SOA 架构的管理信息系统设计与实现[D].中国科学院研究生院,2006.

143. 郭思莹.企业内部电子文件管理系统捕获登记技术研究[D].兰州大学,2015.

144. 胡雨.电子文件管理系统捕获需求规范研究[D].中国人民大学,2008.

145. 李鹏.电子档案管理系统设计及其功能实现[D].吉林大学,2008.

146. 庞萍.电子文件管理系统的软件测试研究[D].中国人民大学,2011.

147. 宋辉.电子文件管理系统测试相关问题研究[D].郑州航空工业管理学院,2017.

148. 孙颖.基于 JBPM 工作流的电子文件管理系统的设计与实现[D].东南大学,2015.

149. 王楠.电子档案管理系统总体设计及关键技术研究[D].华中科技大学,2006.

150. 魏虹雨.基于 MVC 架构的电子文件管理系统的研究与实现[D].北京邮电大学,2009.

151. 章双喜.电子文件管理系统与业务系统集成研究[D].中国人民大学,2009.

152. 周佳.基于 OAIS 电子文件管理系统的设计与实现[D].复旦大学,2010.

153. 朱振杰.SOA 的关键技术的研究与应用实现[D].电子科技大学,2006.

154. 罗洪泽.分析:企业信息化的三个层次、四个阶段[EB/OL].(2007－08－31).[2017－05－31].http://www.ccidnet.com/2007/0831/1197383.shtml.

155. 杨合生.美国国防部记录管理标准及 IBM 记录管理系统的实现[EB/OL].[2015－04－16].http://www.ibm.com/developerworks/cn/data/library/techarticles/dm－0911yanghs/index.html.

156. Barbara Reed. Service—oriented architectures and recordkeeping. Records Management Journal,2010,Vol 20(1):124~137.

157. Cunningham, A. Going global: developing globally harmonized software specifications for records[J]. Comma,2008(2):71~77.

158. David J. Williams. EDRM implementation at the National Weights and Measures Laboratory[J]. Records Management Journal,2005,Vol15(3):158~166.

159. DLM Forum Foundation. MoReq SPECIFICATION[S]. [2014—05—12]. http://ec. europa. eu/archival—olicy/moreq/doc/moreq_en. pdf.

160. DLM Forum Foundation. MoReq2 SPECIFICATION[S]. [2015—05 — 12]. http://ec. europa. eu/archival — policy/moreq/doc/moreq2_spec. pdf.

161. DLM Forum Foundation. MoReq2 Test Framework: Introduction & Overview of the Test Framework[R/OL]. [2015—05—12]http://ec. europa. eu/archival—policy/moreq/doc/moreq2_test_intro. pdf.

162. DLM Foundation,MoReq 2010®:AN EXECUTIVE SUMMARY [R/OL]. [2015—04—13]. http://www. moreq. info/files/MoReq2010%20 —%20Executive%20Summary%20EN. pdf.

163. DLM Forum Foundation. MoReq2010®:Modular Requirements for Records Systems Volume1:Core Services&Plug—in Modules[S]. [2015—05—12]. http://mor—eq2010. eu/. 2011.

164. DLM Forum Foundation. MoReq2010®:Modular Requirements for Records Systems-Test Framework:Overview and Instructions. [2015—05—12]. 2011,publishedathttp://moreq2010. eu/.

165. Department of Defence. Electronic Records Management Software Applications Design Criteria Standard[S]. USA:2007.

166. Fang—Ming Hsu,et al. Efficiency and satisfaction of electronic records management systems in e — government in Taiwan [J]. The Electronic Library,2009,Vol27(3):461~473.

167. Federal Chief Information Officers Council. "Enabling the Mission"—A Practical Guide to Federal Service Oriented Architecture[R/OL]. [2017－05－31]. https://s3. amazonaws. com/sitesusa/wp－content/uploads/sites/1151/2016/10/Enabling－the－Mission－A－Practical－Guide－to－Federal－Service－Oriented－Architecture－1. pdf

168. Federal Enterprise Architecture Program Management Office, Office of Management of Budget. FEA Consolidated Reference Model Document Version2. 3[R/OL]. 2007. [2011－07－28]. http://www. whitehouse. gov/sites/default/files/omb/assets/fea_docs/FEA_CRM_v23_Final_Oct_2007_Revised. pdf.

169. Frank Upward. Modelling the continuum as paradigm shift inrecordkeeping and archiving processes, and beyond—a personal reflection [J]. Records Management Journal, 2000, Vol10(3):115～139.

170. Gary P. Johnston, David V. Bowen. The benefits of electronic records management systems: a general review of published and some unpublished cases[J]. Records Management Journal, 2005, Vol15(3):131～140.

171. Gillian Oliver. International records management standards: the challenges of achieving consensus[J]. Records Management Journal, 2014, Vol24(1):22～31.

172. Hakan Demirtela, Özlem Gökkurt Bayramb. Efficiency of electronic records management systems: Turkey and example of Ministry of Development[J]. Procedia－Social and Behavioral Sciences, 2014(147):189～196.

173. Helle Zinner Henriksen, Kim Viborg Andersen. Electronic records management systems implementation in the Pakistani local government[J]. Records Management Journal, 2008, Vol18(1):40～52.

174. Industry Advisory Council. The Use of Metrics in Electronic Records Management(ERM) Systems [R/OL]. [2008－10－03]. http://www. actgov.

org/actiac/documents/sigs/egov/08032004ERMMetricsFinal. pdf.

175. International Council on Archives and Australasian Digital Records Initiative, Principles and Functional Requirements for Records in Electronic Office Environments – Module 2: Guidelines and Functional Requirements for Electronic Records Management Systems[S]. 2008, published at www. ica. org.

176. International Organization for Standardization. ISO 14721:2003 Space data and information transfer systems-Open archival information system Reference model[S]. Switzerland:2003.

177. International Organization for Standardization. ISO 23081－1: 2006 Information and documentation—Records management processes—Metadata for records—Part1:Principles[S]. Switzerland:2005.

178. James Lappin, How MoReq 2010 differs from previous electronic records management(ERM) system specifications. [2015－4－13]. http://thinkingrecords. co. uk/2011/05/06/how－moreq－2010－differs－from－previous－electronic－records－management－erm－system－specifications/.

179. Johanna Gunnlaugsdottir. Registering and searching for records in electronic records management systems[J]. International Journal of Information Management,2008(28):293～304.

180. Joannna Gunnlaugsdottir. As you sow, so you will reap: implementing ERMS[J]. Records Management Journal,2008,Vol18(1): 21～39.

181. Johanna Gunnlaugsdottir. The human side of ERMS:an Icelandic study[J]. Records Management Journal,2009,Vol19(1):54～72.

182. Johanna Gunnlaugsdottir. Functional classification scheme for records[J]. Records Management Journal,2012,Vol22(2):116～129.

183. Keith Gregory. Implementing an electronic records management system－A public sector case study[J]. Records Management Journal,

2005,Vol15(2):80～85

184. Kuldar AAS, Tarvo KÄRBERG. Automated Ingest of Digital Records from Electronic Records Management Systems[C]. eChallenges e-2010 Conference Proceedings. 2010.

185. Linda Wilkins, et al. Achieved and tangible benefits: lessons learned from a landmark EDRMS implementation[J]. Records Management Journal,2009,Vol19(1):37～53.

186. Luciana Duranti. The Long-Term Preservation of Authentic Electronic Records. Proceedings of the 27th VLDB Conference, Roma, Italy,2001.

187. Luciana Duranti. Concepts, Principles, and Methods for the Management of Electronic Records[J]. Information Society. 2001,17(4): 271～279.

188. Luciana Duranti. The Long-term Preservation of Accurate and Authentic Digital Data: The INTERPARES Project[J]. Data Science Journal,2005(4):106～118

189. Luciana Duranti. Concepts and principles for the management of electronic records, or records management theory in archival diplomatics [J]. Records Management Journal,2010,Vol20(1):78～95.

190. Maria Luisa, et al. A balancing act:learning lessons and adapting approaches whilst rolling out an EDRMS[J]. Records Management Journal,2008,Vol18(3):170～179.

191. Marc Fresko. MoReq2: a European Contribution to the Preservation of Electronic Records[C]. DigCCurr2009, April1-3,2009, Chapel Hill,NC,USA

192. NAA. Implementing an EDRMS: Key Considerations[R/OL]. [2017-05-31]. http://www.naa.gov.au/Images/EDRMS-key-considerations_tcm16-88772.pdf.

193. NAA. Implementing an EDRMS: Ten Lessons[R/OL]. [2017-

05—31]. http://www. naa. gov. au/Images/EDRMS — ten — lessons_tcm16—88775. pdf.

194. NAA. Implementing an EDRMS:Checklist[R/OL]. [2017—05—31]. http://www. naa. gov. au/Images/EDRMS — key — considerations_tcm16—88778. pdf.

195. NARA. Records Management Profile, Federal Enterprise Architecture (FEA) version 1. 0[R/OL]. [2007—05—24]. http://www. archives. gov/records—mgmt/pdf/rm—profile. pdf.

196. NARA. Functional Requirements and Attributes for Records Management Services[R/OL]. [2014—05—12]. http://www. archives. gov/era/pdf/Functional—Requirements—and—Attributes—for—Dec07—2005. pdf

197. NARA. RMSC Requirements Development Project Final Report [R/OL]. [2014—05—12]. http://www. archives. gov/era/pdf/rmsc0305. pdf

198. OMB. E — Government Strategy[R/OL]. [2014—05—12]. https://www. whitehouse. gov/sites/default/files/omb/assets/omb/inforeg/egovstrategy. pdf

199. OMG. Records Management Services (RMS) Version1. 0[R/OL]. [2015—03—10]. http://www. omg. org/spec/RMS/1. 0/PDF

200. Paul Jen—Hwa Hu, et al. Agency Satisfaction With Electronic Record Management Systems:A Large—Scale Survey[J]. Journal of the American Society for Information Science and Technology,2010,61(12):2559~2574.

201. Pekka Henttonen. A comparison of MoReq and SÄHKE metadata and functional requirements[J]. Records Management Journal,2009,Vol19 (1):26~36.

202. Pekka Henttonen,Kimmo Kettunen. Functional classification of records and organizational structure[J]. Records Management Journal,

2011,Vol21(2):86～103.

203. Philip Jones. The role of virtual folders in developing an electronic document and records management system[J]. Records Management Journal,2008,Vol18(1):53～60.

204. Philipp Wilhelm. An evaluation of MoReq2 in the context of national EDRMS standard developments in the UK and Europe[J]. Records Management Journal,2009,19(2):117～134.

205. Piers Cain. Model Requirements for the Management of Electronic Records (MoReq):a critical evaluation[J]. Records Management Journal,2002,Vol12(1):14～18.

206. Rachael Maguire. Lessons learned from implementing an electronic records management system[J]. Records Management Journal,2005,Vol15(3):150～157.

207. Ricardo Vieira, et al. A requirements engineering analysis of MoReq[J]. Records Management Journal,2012,Vol22(3):212～228

208. Sekie Amanuel Majore,et al. Secure and reliable electronic record management system using digital forensic technologies[J]. Journal of Supercomputing,2014(70):149～165.

209. Shadrack Katuu. Managing digital records in a global environment A review of the landscape of international standards and good practice guidelines[J]. The Electronic Library,2016,Vol34(5):869～894.

210. William Moore,et al. Managing Information Access to an Enterprise Information System:Using J2EE and Services Oriented Architecture[M]. U. S.:International Business Machines Corporation,2005.

211. Terry Eastwood. Appraising Digital Records For Long — term Preservation[J]. Data Science Journal,2004(3):202～208.

212. ZoëA. Smyth. Implementing EDRM:has it provided the benefits expected? [J]. Records Management Journal,2005,Vol15(3):141～149.

附录
电子文件管理系统功能及其应用调查问卷

您好!

感谢您抽出时间参与电子文件管理系统功能及其应用的调研。调查过程中所有的问题设置仅为研究需要,并不用来进行商业活动。感谢您的支持!

填写说明:

①据您的理解,在您认为合适的答案前"括号"内划"√",题后未注明的均为单选。

②如缺少您认为合适的选项,请您在"其他"上注明。

1. 您的性别:男(　　)　　女(　　)
2. 您的年龄是:_____
3. 您的职业是:_____
   A.公务员(　　)　　B.员工(　　)　　C.研究人员(　　)
   D.自由职业者(　　)　　E.其他(　　)
4. 您所在单位的性质是:
   A.政府部门(　　)　　B.事业单位(　　)　　C.企业单位　　D.其

他（   ）

5.您是否使用过电子文件管理系统：

A.是（   ）   B.否（   ）

6.您是否习惯使用电子文件管理系统管理？

A.是（   ）   B.否（   ）

7.(可多选)贵单位形成的电子文件来源有：（   ）

A.办公自动化(OA)系统   B.业务系统   C.电子邮件系统

D.数码相机、录音笔、摄像机   E.网站   F.即时通信工具

G.其他

8.贵单位是否将电子文件管理工作纳入相关工作人员的岗位职责或业绩考核体系？（   ）

A.是   B.否

9.(可多选)如果贵单位引入电子文件管理系统,您希望它：（   ）

A.操作简单便利   B.信息统计存储及时

C.节约时间   D.对日常工作有帮助

E.其他

10.(可多选)您理想中电子文件管理系统(模块)具有哪些功能：（   ）

A.捕获/归档   B.分类   C.鉴定   D.检索利用

E.存储与备份   F.安全与保密   G.完整性   H.审计

I.长久保存   J.其他

11.您希望在何种工作部门使用电子文件管理系统：（   ）

A.人力资源部   B.销售部   C.财务部   D.信息管理部

E.以上

12.(可多选)您认为应该对单位哪些人员进行电子文件管理系统的培训工作：（   ）

A.主管领导   B.业务人员   C.信息化管理人员

D.机要、密码管理人员   E.文书(秘)人员

F.档案人员   G.其他人员

13.(可多选)提到电子文件管理系统,你最先想到的哪一方面：（   ）

A.方便快捷　　B.中病毒就全没有了　　C.节约时间

D.便于及时沟通　　E.有效传递　　F.便于监控

G.其他

14.(可多选)如果电子文件管理系统设立以下功能,你更关注哪一方面:(　　)

A.计算统计　　B.信息存储　　C.信息传递

D.筛选查找　　E.其他

15.(可多选)您认为当前的电子文件管理系统存储功能重要还是信息传递功能重要:(　　)

A.存储　　B.传递　　C.同等重要

16.(可多选)在电子文件管理方面,您认为应该出台哪些规范:(　　)

A.全程、综合性管理规范　　B.管理评估规范/工具

C.系统功能需求规范　　　　D.元数据规范

E.某些管理环节规范　F.重要/常见类别电子文件管理规范

17.您认为当前的电子文件管理系统功是否符合您的心理需求:(　　)

A.是(　　)　　B.否(　　)

18.(可多选)您认为所使用的电子文件管理系统如何:(　　)

A.快捷方便　　B.功能丰富　　C.效率高　　D.具有局限性

E.一般,有待建设　　F.缺乏专业性　　G.人文气息淡薄

19.您认为电子文件管理系统的功能拓展需要从哪方面入手:(　　)

A.技术提高方面　　　　B.现有功能稳定方面

C.使用的便利性方面　　D.功能的二次开发方面

20.您对电子文件管理系统功能拓展的建议是?